PEDRO BRAGGIO

DINHEIRO É BOM E EU GO$TO

Copyright© 2016 by Literare Books International Ltda.
Todos os direitos desta edição são reservados à Literare Books International

Presidente:
Mauricio Sita

Capa:
Estúdio Mulata

Diagramação e projeto gráfico:
Cândido Ferreira Jr.

Revisão:
Ivani Rezende

Gerente de Projetos:
Gleide Santos

Diretora de Operações:
Alessandra Ksenhuck

Diretora Executiva:
Julyana Rosa

Relacionamento com o cliente:
Claudia Pires

Impressão:
Rotermund

Dados Internacionais de Catalogação na Publicação (CIP)
(Câmara Brasileira do Livro, SP, Brasil)

Braggio, Pedro
   Dinheiro é bom e eu gosto / Pedro Braggio. --
São Paulo : Literare Books International, 2016.

   ISBN 978-85-9455-011-8

   1. Educação - Finanças 2. Finanças 3. Finanças -
Planejamento 4. Finanças pessoais 5. Investimentos
I. Título.

16-07026   CDD-332.6

Índices para catálogo sistemático:
1. Educação financeira : Economia   332.6

Literare Books International Ltda
Rua Antônio Augusto Covello, 472 – Vila Mariana – São Paulo, SP
CEP 01550-060
Fone/fax: (0**11) 2659-0968
site: www.literarebooks.com.br
e-mail: contato@literarebooks.com.br

PREFÁCIO

Conheço Pedro Braggio de longa data, ocasião em que dialogamos por conta de uma revista direcionada à carreira e às finanças. Desde aquela época, passamos a trocar experiências sobre o assunto educação financeira, o que me fez identificar em Pedro um grande talento e entusiasmo para lidar com o assunto. De lá para cá, Pedro focou ainda mais seus esforços em educar financeiramente as famílias, atendendo pessoas e empresas, e sendo entrevistado por diversas revistas e jornais televisivos.

Devemos comemorar esta nova empreitada de Braggio ao divulgar a sua metodologia em formato de livro, o que contribuirá para inspirar e educar todos aqueles que, devido à distância ou à falta de tempo, ainda não puderam contatar Pedro pessoalmente.

No livro, o brilhante educador financeiro compartilha sua vida pessoal, desafios que enfrentou e nos convida a adotar uma nova postura em relação ao nosso dinheiro.

Ele não traz fórmulas mágicas ou facilidades mentirosas; pelo contrário, propõe compromisso e mudanças de comportamento, para que as famílias e empresas consigam sucesso em seu planejamento financeiro.

Oxalá este seja apenas o primeiro livro de uma grande coleção!

Luiz Calado é economista formado pela USP (Universidade de São Paulo) e pós-doutor pela Universidade da Califórnia-Berkeley.

Escreveu livros na área financeira, possuindo mais de 20 obras publicadas, dentre elas: *7 passos do relacionamento bancário* (Ed. Saraiva), *Imóveis: seu guia para fazer da compra e venda um grande negócio* (Ed. Saraiva); *Fundos de Investimentos: conheça antes de investir* (Ed. Campus); e *100 dúvidas de carreira para profissionais de finanças* (Ed. Saint Paul).

INTRODUÇÃO

Se você fosse traçar sua biografia financeira, sendo brasileiro, provavelmente ia se deparar, em algum ponto de sua história, com momentos de pobreza ou de restrições financeiras acentuadas. Isso porque, quase todos nós, temos em nossas origens a família que veio da zona rural para a cidade em busca de trabalho melhor remunerado, conforto, saneamento, educação etc.

Atualmente a população mundial supera a casa dos 7 bilhões de habitantes, sendo que mais da metade (3,6 bilhões) vive em cidades. No Brasil, esse frágil equilíbrio foi rompido há tempos. Se, em 1950, apenas 36% da nossa população era urbanizada, hoje estamos com um índice em torno de 82%, segundo o IBGE (Instituto Brasileiro de Geografia e Estatística).

Não é esse o seu caso? Ter na história a família tradicionalmente vinda da "roça"? Então, provavelmente, seu relato tem a ver com imigrantes italianos, alemães, espanhóis, vindos ao Brasil no pós-guerra. Sendo assim, trabalharam nas primeiras indústrias do país, quando não se tinham leis trabalhistas que garantiam direitos básicos como horas máximas trabalhadas ao dia e salário mínimo.

Eu mesmo, até chegar a ser educador financeiro, por ter uma família com muitos problemas de saúde - ao longo do livro, conto mais detalhes -, vivi experiências financeiras frustradas, com as quais aprendi a lidar de maneira assertiva, saudável e consciente com meu dinheiro.

Longe de querer ser exato nas questões históricas, o fato é que partimos de uma origem financeira simples e humilde e essa quase sempre não é uma condição desejada, planejada e muito menos permanente, destinada a ser para sempre assim, pobre, *pobre de marré* de si.

Você pode até ter nascido pobre, ou com poucos recursos, mas tendo saúde física, psicológica e emocional está designado a progredir, gradual e consistentemente, até chegar a uma situação agradável, que pode ser estar entre os mais milionários do mundo (inclusive ser a capa da Forbes*) ou mesmo atingir a independência

* Forbes é uma revista americana de negócios e economia americana. De publicação quinzenal, a revista apresenta artigos e reportagens originais sobre finanças, indústria, investimento e marketing. Também é conhecida por suas listas, nas quais faz um ranking das pessoas mais ricas dos Estados

financeira, em que o equilíbrio das finanças está instalado e é possível ter educação, lazer, conforto na medida e felicidade plena.

Deve estar se perguntando: como será isso se nem mesmo consigo pagar minhas contas do mês?

Escrevo este livro para que alcance o equilíbrio das finanças, que consiste em aprender a lidar com seu dinheiro, seja ele pouco ou muito.

A experiência que viveremos precisa ser degustada. Como em um banquete, convido-o a saborear o livro como se fosse seu prato predileto!

Unidos (conhecida como Forbes 400) e do mundo, além de outras como das celebridades mais bem-pagas e das mulheres mais poderosas. Com sede na cidade de Nova Iorque, foi fundada em 1917, pelo jornalista escocês B. C. Forbes.

ÍNDICE

11 CAPÍTULO 1
O DIAGNÓSTICO FINANCEIRO

27 CAPÍTULO 2
DESILUSÃO – É HORA DE ACORDAR

41 CAPÍTULO 3
ENDIVIDADO – UM ESTADO DE EMERGÊNCIA

77 CAPÍTULO 4
RELACIONAMENTO COM O DINHEIRO

101 CAPÍTULO 5
BICO, *FREELANCER*, AUTÔNOMO, EMPRESÁRIO OU EMPREENDEDOR?

123 EPÍLOGO
UM DIA A GENTE ENTENDE

131 CONCLUSÃO
TODOS PELA EDUCAÇÃO

CAPÍTULO 1

O DIAGNÓSTICO FINANCEIRO

Quando você sente algo fora do normal em seu organismo, uma febre, uma dor, dentre tantos outros sintomas, mesmo que não consulte um especialista, que deveria ser um médico, a tendência natural é o apontamento da causa. Se está ficando resfriado, sua mãe diz para tomar um antigripal; se tem uma dor de cabeça, outro indica que a dor é apenas falta de sono ou estresse, e por aí vai. Independentemente do caso, o desejo é sempre de diagnosticar o problema para dar a indicação apropriada a fim de que o doente comece a se sentir melhor.

O mesmo acontece com a educação financeira, o equilíbrio e o crescimento passam primeiro pelo diagnóstico que chamo de "cair na real": saber exatamente qual a sua situação, boa, ruim ou péssima.

O diagnóstico financeiro nos possibilita entender quem controla quem (você *versus* seu dinheiro) na relação de consumo. Tem gente que passa a vida sem nem sequer saber quanto ganha, quanto gasta e o que sonha, sentindo-se constantemente frustrada, com o sentimento de insatisfação perante suas realizações pessoais. É uma sensação de que algo está faltando. Acredito que já deva ter sentido isso. Correto?

Esse é o momento de ter coragem para olhar para si e mais ainda para o próprio orçamento. Eu, atendendo famílias e empresas desde 1996, sempre me sinto satisfeito em participar desse momento de descoberta, quando a pessoa avalia, sem reservas, sua vida financeira. Quase sempre, ou melhor, em 80% das vezes, o diagnóstico é pior do que a pessoa imaginava, já que desconhecia sua realidade.

Em alguns casos, sintomas físicos são sentidos por quem está com as finanças descontroladas. Ansiedade, depressão, insônia e brigas com os mais próximos são alguns dos sinais de que algo não caminha bem.

Pois bem, o que proponho logo no início deste livro é que você saia desse mundo de ilusão, tire a venda dos olhos e comece a tomar posse de si mesmo, de suas decisões financeiras e de um futuro de consequências das próprias ações, abandonando o melodrama de ser refém do destino.

Assim como uma ferida que precisa ser lavada e cuidada para que sare, o "cair na real" vai doer um pouco, mas - confie em mim - será o ponto crucial para que resolva, de uma vez por todas, seus problemas financeiros.

Está pronto? Então, vamos encarar o diagnóstico!

Diagnóstico Financeiro

1. **Com que frequência sua conta no banco fica no vermelho?**

    a) Nunca
    b) Até 6 dias no mês
    c) Entre 7 e 14 dias
    d) De 15 a 25 dias
    e) O mês todo

2. **Quanto de juros você paga ao mês, seja com cartão de crédito, limite de cheque especial, contas de consumo (água, luz e telefone), boletos e carnês em geral?**

a) Não pago juros
b) Até 5% da minha renda
c) De 6 a 15% da minha renda
d) De 16 a 30% da minha renda
e) Acima de 30% da minha renda

3. Quanto de sua renda está comprometido com financiamentos (casa, terreno, carro, moto etc)?

a) Não tenho financiamento
b) Até 15% da minha renda
c) De 16 a 30% da minha renda
d) De 31 a 40% da minha renda
e) Acima de 40% da minha renda

4. Qual percentual de sua renda está comprometido com empréstimos (bancos, amigos, parentes, agiotas etc)?

a) Não tenho empréstimos
b) Até 15% da minha renda
c) De 16 a 30% da minha renda
d) De 31 a 40% da minha renda
e) Acima de 40% da minha renda

5. Você tem uma reserva financeira (poupança, investimentos etc) ?

a) Minha reserva está acima de três salários brutos
b) Entre 2 e 3 salários brutos
c) Entre 1 e 2 salários brutos
d) Até um salário bruto
e) Não tenho nenhuma reserva

6. Em que percentual suas despesas fixas (água, luz, telefone, condomínio, seguros, mensalidades, financiamentos) comprometem sua renda?

a) Até 60%. O restante está dividido entre lazer, cuidados pessoais, presentes e poupança.
b) Até 80%. O restante está dividido entre lazer, cuidados pessoais, presentes e poupança.
c) Até 90%. O restante está dividido entre lazer, cuidados pessoais, presentes e poupança.
d) Meus gastos fixos são iguais aos meus recebimentos. Não posso me dar ao luxo de sequer comer um pastel.

e) Minha renda não paga meus gastos fixos. Estou sempre arrastando dívidas.

7. Como é a relação com seu(s) cartão(ões) de crédito?

a) Pago sempre a fatura total/ não uso cartões de crédito
b) Pago entre 51% e 99% da fatura
c) Pago entre 20 e 50% da fatura
d) Pago sempre o mínimo
e) Não consigo pagar nem o mínimo

8. Em quantos meses seu orçamento está comprometido por ter feito compras parceladas com o cartão de crédito?

a) Não costumo parcelar minhas compras
b) Até 3 meses
c) Entre 4 e 6 meses
d) Entre 7 e 9 meses
e) Acima de 10 meses

9. Você se considera um comprador compulsivo? Avalie seu comportamento nos últimos seis meses.

a) Minhas compras são planejadas com antecedência.
b) Às vezes, me pego comprando algo por impulso, mas nada que comprometa meus compromissos financeiros.
c) Eu até me planejo, mas me pego comprando mais do que deveria.
d) Não consigo evitar a compra por impulso; depois me arrependo e vejo o estrago que fiz.
e) Mesmo que não precise ou não possa pagar, aproveito as promoções/liquidações.

10. Seus problemas financeiros afetam seu trabalho?

a) Minha vida financeira está equilibrada, por isso consigo trabalhar em paz.
b) Fico preocupado apenas quando acontecem imprevistos: quebra do carro, gastos com saúde ou tenho contas atrasadas.
c) Meu rendimento na empresa caiu por conta das preocupações com minhas finanças. Estou desmotivado e meu superior já percebeu.

d) Já adiantei férias e 13º salário para tentar equilibrar minhas finanças, mas continuo no vermelho.

e) Estou a ponto de pedir para ser dispensado a fim de utilizar minha rescisão para pagar parte ou quitar minhas dívidas.

Resultado

Para cada pergunta respondida, some:

- 10 para respostas A
- 7 para respostas B
- 5 para respostas C
- 2 para respostas D
- 0 para respostas E

De 81 a 100 pontos

Se fôssemos comparar a uma sala de aula, você está entre os melhores alunos. Atingiu os 100 pontos! Parabéns! É nota 10. Sua vida escolar é satisfatória, dá orgulho para seus pais. Fique contente, pois faz parte de uma minoria, cerca de 12% da população, que possui equilíbrio financeiro. Por conseguinte, é necessário olhar para os motivos que o levaram a ser assim tão regrado com as finanças. Se sempre foi dessa maneira e conseguiu equilibrar lazer, bem-estar e qualidade de vida com seu orçamento, está tudo maravilhoso. Pode até ser que esteja nessa situação porque teve pais que o ensinaram a lidar com as finanças, dando-o limites e ensinando-o como dar valor ao dinheiro. Cuidado apenas com algumas ciladas. Por exemplo, pode ter chegado a esse nível de educação financeira por algum trauma, talvez alguma dificuldade que passou na infância ou por conta de uma queda brusca no rendimento, fazendo-o ficar inflexível em relação às compras, ou até mesmo se tornando egoísta, o que não é bom para você nem para os que o rodeiam. Adiante, falaremos sobre traumas financeiros. Vale lembrar que o dinheiro é uma ferramenta que serve para proporcionar conforto e segurança. É você quem manda nele e não ele quem manda em você.

De 61 a 80 pontos

Você é o famoso aluno média 7. Esforça-se, pode tirar 10 facilmente, mas se deixa levar pela preguiça ou pela vontade de fazer outras coisas mais interessantes. Na vida financeira, vez ou outra, a conta fica no vermelho e juros são pagos sem necessidade. Permite-se alguns gastos não planejados, principalmente aqueles de última hora, com amigos e família. Talvez por confiar demais que vai dar tudo certo e por ver que tem gente pior que você financeiramente, você acaba não dando a devida atenção às finanças, principalmente com o colchão financeiro, reserva necessária para eventuais gastos. Um bom exercício é não depender tanto do cartão de crédito, não parcelar, aprender a dizer "não" e guardar ao menos 5% da sua renda mensal.

De 41 a 60 pontos

Ficou de recuperação. Possivelmente vai passar de ano, mas nada de brincadeira. Talvez esteja acostumado a viver "na corda bamba", pode até ser algo motivador. Comparando às finanças, pagar o mínimo no cartão e depois quitá-lo talvez seja uma constante, mas é hora dessa saga acabar. Tranque seus cartões de crédito dentro de uma gaveta e só os retire depois que as faturas estiverem quitadas. É hora de criar consciência e aprender a ter educação financeira. Fazer "bicos" ou ter um segundo emprego para pagar as contas fixas são ótimas alternativas, desde que a renda extra seja aproveitada para o equilíbrio do orçamento e não extraviada em mais decisões financeiras erradas. Lembrando ainda que os trabalhos eventuais devem ser feitos por um período estipulado, a fim de não comprometer seu desempenho no seu principal emprego. Foque nos seus sonhos, são mais estimulantes do que a adrenalina das incertezas periódicas.

De 21 a 40 pontos

A recuperação é certa e a chance de reprovação é alta. Agora é tudo ou nada. Mude sua rotina urgentemente. Nem preciso dizer que seus cartões de crédito devem ser cancelados e cortados. Isso se já não negociou suas dívidas com as operadoras. Se ainda tem alguma ilusão financeira, é chegada a hora de "cair na real" e tirar as vendas dos olhos. Será um processo longo e minucioso, mas que valerá cada esforço. Comece fazendo um inventário de todas as suas contas fixas, eventuais e dívidas. Provavelmente terá de fazer negociações. Antes disso, leia o capítulo específico sobre o assunto. Cortes serão necessários. Observe seus hábitos inadequados em relação ao dinheiro e mude-os.

De 0 a 20 pontos

Se comparado a um aluno, sabe que está reprovado sem direito à recuperação. Chegou a esse ponto porque tomou várias decisões financeiras erradas por um longo período, por descuido, indisciplina ou falta de um método financeiro, isso não importa. Não procure culpados. Terá de se conscientizar de que a sua situação é grave e que não pode continuar nesse ritmo. Com certeza, está prestes a perder o emprego, se já não o perdeu. Pode ser que tenha confusão constante na família ou esteja sendo cobrado pelos credores. O cenário é ruim. Você até tem direito de ficar um tanto depressivo, desesperado, frustrado, porém estes sentimentos precisam ter prazo de validade. Foque na certeza de que pode sair dessa, desde que tenha determinação, disciplina e confiança. Com certeza, este livro é para você. Leia-o quantas vezes forem necessárias e coloque as instruções em prática.

DEPOIS DO DIAGNÓSTICO

Você percebeu que o diagnóstico faz uma analogia à sua vida escolar? Pelo menos quando eu era criança, os professores ensinavam e, caso alguém não aprendesse, tinha a oportunidade de repetir o ano. Na vida financeira também é assim, sempre há uma nova chance. No entanto, a cada oportunidade desperdiçada, a realização dos sonhos é adiada, podendo até mesmo não acontecer.

Por outro lado, o aluno nota 10 nem sempre é aquele que está satisfeito. Na vida financeira, se o diagnóstico apontou-o como excepcional em finanças, lembre-se: ainda há muitos conhecimentos a serem descobertos e muitos sonhos que não sonhou, prontos para serem realizados.

O primeiro capítulo acabou e descobrimos como o dinheiro interfere no nosso desenvolvimento como pessoa.

Temos mais a desvendar. Você vem comigo?

CAPÍTULO 2

DESILUSÃO: É HORA DE ACORDAR

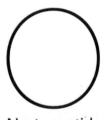que é estar iludido? Talvez você diga que é estar envolto e seduzido por uma atmosfera deliciosa, na qual tudo é bom, saudável e os indivíduos são felizes.
Neste sentido, desiludir-se seria acabar com tudo que é bom. Se pensar assim, certamente não seguirá lendo minhas teorias e práticas financeiras, então, prefiro apresentar-te uma nova forma de entender a desilusão, propondo que acorde, do verbo ACORDAR, em todos os seus sentidos.

Primeiro, *acordar* significa sair do estado de inércia; ficar em atenção, em prontidão, sair do sono e não mais se deixar levar.

Segundo, *acordar* significa fazer um acordo, combinar, e aqui, diante de uma nova proposta de vida financeira, podemos determinar que seremos felizes também com nossas finanças.

Por fim, se separarmos as sílabas de *acordar*, chegaremos às palavras: A, COR, DAR. No sentido de colorirmos nossa vida à nossa maneira e não estarmos mais iludidos com o modo de as outras pessoas escolherem as cores para nós. Vamos *acordar*!

A TEORIA DA ESCADA

De nada adianta ter algo impactante, se não for usual; belo, se não for útil; erudito, se não for esclarecedor. Partindo desta premissa, procuro sempre fazer comparações simples com nosso dia a dia para que o conteúdo de educação financeira seja assimilado fácil e rapidamente. Agora chegou a vez da escada, um dos exemplos de que mais gosto e que, conforme meus "pacientes", nos faz sair da ilusão.

E quem pensa que vivem de fantasia apenas aqueles que têm carro zero e o financiam em 80 vezes sem entrada, ou aqueles que ficam na fila para comprar o celular de última geração mesmo ligando a cobrar, já começou a se enganar. Até mesmo esse educador financeiro que vos escreve tem seus momentos de ilusão e, obviamente, acaba desiludido quando passa a euforia do *"Yes, We can"**.

O diagnóstico financeiro, que você acaba de fazer, aponta em qual degrau da escada você está, se seu ritmo financeiro de vida é compatível com sua renda ou se está apenas fazendo tipo. Fingir que está tudo bem pode parecer até inofensivo, mas um dia a casa cai.

Muitas vezes, por questões de *status* ou para pertencer a um determinado grupo, a nossa tendência é subir os degraus rapidamente a fim de sustentar uma posição social e uma imagem que ainda não condiz com a realidade. E escrevo "ainda", pois acredito que é possível se chegar aonde quiser, inclusive financeiramente. No entanto, é preciso ter em mente que essa meta não é algo que se conquista imediatamente, como o "Penso, logo existo", de René Descartes. É necessário planejar e agir.

Pelo menos três comportamentos atuais de nossa sociedade dificultam a possibilidade de conseguirmos nos encaixar na escada: ostentação, comparação e ansiedade.

QUESTÃO DE IMAGEM

---

* em português, "Sim, nós podemos", slogan de Barack Obama na campanha à presidência dos Estados Unidos, em 2008.

A palavra ostentação está na moda e é usada, principalmente, pelos jovens que gostam de exibir itens associados à riqueza, como pulseiras e colares de ouro, roupas e acessórios de marcas famosas, carros do ano, celulares de última geração, baladas caras, *whiskys* 18 anos, Citröens, Hornets e, como diria o MC Guimê, "*plaquets* de cem".

A exposição midiática, por meio de celebridades instantâneas, acaba sendo recorte da vida como ela é, com certo exagero de caricatura. De qualquer forma, é importante que olhemos para esses fatos com leve desconfiança, perguntando até que ponto não tenho sucumbido a essa ostentação toda.

Além das letras e batidas do *funk*, a cultura da ostentação revela sinais da falta de limite e de conhecimento financeiro, que todos nós, em algum momento, podemos ter nos deixado levar. Ou acha que nunca ostentou?

Vejamos alguns indicadores para que seu exame de consciência seja mais legítimo:

Já comprou algo que não poderia pagar?

Comprou algo que teve de parcelar várias vezes, ou até mesmo renunciou a outras necessidades, apenas para se enquadrar no seu grupo de trabalho ou de amigos?

Escolheu amigos ou parceiros pela classe social?

Esconde suas limitações pessoais, profissionais e financeiras atrás da exibição de produtos caros e exclusivos?

Eu poderia passar o livro todo mencionando exemplos que denotam o quanto nós, seres humanos, somos sensíveis à vaidade e o quanto somos alvos fáceis para a ostentação. Porém, mais importante do que colocar luz sobre nossas feridas financeiras é ensinar como cuidar delas quando aparecerem; e elas vão aparecer.

Infelizmente, a ostentação tem atingido níveis além da vaidade e se tornado patológica se levarmos em consideração o quanto tem atingido a sociedade. Em alguns casos, torna-se até mesmo uma nova modalidade de crime, na qual o indivíduo apanha um carro e sai para passear com amigos ou com a namorada apenas para se exibir. Conte isso para os seus pais e avós e eles dirão: isso é o fim do mundo! A cena é comum em filmes famosos, tipicamente *hollywoodianos* ou em novelas globais. O problema é que a vida imita a arte e não são os bons exemplos que têm sido reproduzidos. Estejamos atentos e prontos para agir quando essas situações quiserem nos influenciar ou mesmo seduzir os nossos, principalmente filhos, levando-nos a dar mais importância ao parecer do que ao ser.

Algumas consequências da ostentação desenfreada são o 'nome sujo' nos bancos de dados de consultas - como Serasa, SCPC (Serviço Centro de Proteção ao Crédito) e SPC Brasil -, cartão de crédito estourado e uso do limite do cheque especial. Se você se identificou com os casos citados, esse é mais um motivo para descobrir seu lugar na escada.

PARA QUE SE COMPARAR?

Cientistas norte-americanos já afirmaram que o Facebook pode causar depressão. Investigaram a mídia social para saber como a ferramenta afeta a saúde mental das pessoas. E a descoberta foi que os milhares de *"likes"* e "compartilhamentos" podem levar a sintomas depressivos, devido à inveja que desperta em certos usuários. Postagens sobre férias caras, novas casas e carros ou relacionamentos felizes podem desencadear comparações. Se você tem se deixado levar por isso, está não só afetando seu estado de satisfação pessoal, mas também suas finanças.

Todas as vezes que nos comparamos com outras pessoas, perdemos. Isso porque nosso senso interno tende a nos minimizar em relação a outrem e concluímos que nosso carro não está tão bom, que nosso salário é pouco demais, que nossa vida é medíocre e por aí vai.

Nas terapias financeiras, em grupos, casais ou individuais, é comum logo nas primeiras sessões tratar de sonhos e de objetivos. O mais surpreendente é quando descubro, junto ao paciente, que muito do que ele pretende não necessariamente se trata de um desejo próprio, mas sim de uma adequação ao que a sociedade demanda.

Talvez você que me lê agora também esteja se deixando levar e colocando esforço para conquistar algo apenas para parecer aceitável para outras pessoas. Esse comportamento é mais comum nos adolescentes, por exemplo, que focam em vestir roupas de uma marca específica só porque os colegas daquele determinado grupo vestem aquela etiqueta e não necessariamente porque se identificam com o estilo. O problema está em levar esse hábito para toda a vida, não se permitindo desenvolver a própria personalidade ou, pior ainda, comprometendo a vida financeira só para manter o status.

Aí, no quesito ostentação, não faltam exemplos do quanto as finanças são prejudicadas pela necessidade de ser socialmente aceito. Compra-se celular para ostentar, carro para ostentar, mantêm-se relacionamentos em prol da ostentação, restaurantes caros são frequentados apenas para se tornar gabaritado na *high society*. Se está entrando nessa, acorde! É uma cilada! Afinal, lá está cada vez mais *down*!

Uma boa maneira de inverter esse jogo de decepção é olhar para as pessoas mais simples que você, as quais vivem com menos recursos e que ainda são sim a maioria da população, mesmo que poucos as olhem.

Esse exercício vai não só fazê-lo dar mais valor ao que tem, como também entender outro processo importante da educação financeira, o da partilha e da doação.

Quero ainda, embora tenha começado dizendo que a mídia social nos provoca um sentimento de comparação, dizer que podemos aproveitar para aprender, em vez de só nos decepcionarmos com nossa vida financeira.

QUESTÃO DE PRESSA

Também citei a ansiedade como determinante em nossa confusão para se descobrir na escada.

Pressionados pela urgência e instantaneidade de nossos dias, passamos a maior parte do tempo pensando em como será o daqui a pouco – 30 minutos, amanhã, o mês seguinte, o ano que vem. Viver o momento presente, decidir financeiramente bem, isso sim nos garantirá de verdade um futuro promissor.

Essa ansiedade crônica nos leva a perder a noção dos nossos atos no momento em que acontecem e, principalmente, a nos desconectar das consequências. É aquele efeito atropelamento. A gente vai fazendo as coisas sem nem perceber e depois dizemos: "não sei onde estava com a cabeça". Pena que já não dá para voltar atrás!

A pressa tem sido confundida com agilidade. A pessoa ágil faz a coisa certa em menos tempo, o apressado normalmente faz errado, porque não pensa na melhor forma de execução, só foca no que precisa fazer ou, pior, aparentar. Diz: preciso comprar esse presente, pois quero me livrar desse compromisso.

Uma forma interessante de perceber essa pressa cotidiana é observar nossos hábitos financeiros. Os restaurantes *self service* e as redes de *fast food* estão sempre cheios, ao passo que as cantinas, que servem a *la carte* são mais frequentadas em momentos nos quais a pessoa ou a família reservam tempo para a refeição.

É engraçado até perceber o quanto alguns ficam furiosos com o fato do prato demorar a chegar, mesmo que sejam só vinte minutos e até dizem: "desse jeito, eu como em casa". No meu caso, se for rápido demais, desconfio que a comida foi requentada no micro-ondas.

Mas o que será que essa correria tem a ver com a nossa escada financeira? Tudo. Pela afobação, a gente vai subindo os degraus, tomando decisões financeiras erradas e, quando percebemos, já caímos.

Por isso, é essencial entendermos alguns conceitos e sermos educados financeiramente.

Existem fatores externos? Sim. Eles devem servir de justificativas para a situação financeira que está passando? Jamais.

Você pode até ter nascido pobre, em família simples. Mas não é por isso que está fadado a viver pobre, repetindo um ciclo de miséria. Entenda miséria como insatisfação financeira ou discórdia por causa da falta de dinheiro. Às vezes, você pode até ter um bom salário, mas pode se sentir um miserável por não saber administrá-lo.

Sempre reforço que a educação financeira não é mágica e os conceitos ensinados neste livro não fazem milagre. Para alcançar os resultados, precisamos colocar em prática o passo a passo e não desistir.

Saber economizar, identificar quais gastos cortar e aprender como poupar são algumas das etapas. E mais do que isso, a educação financeira consiste na busca por qualidade de vida para o presente e para o futuro.

No início, algumas pessoas relatam que se sentem como a formiga da fábula 'A cigarra e a formiga': fazem, fazem, fazem e não veem resultado. A tendência é só perceber o resultado do processo de educação financeira quando se passa por um aperto ou acontece algum imprevisto. Aí soltamos um 'ufa, ainda bem que poupei um 'dinheirinho'.

Se o sentimento agora é de formiga, persevere, os resultados o surpreenderão!

CAPÍTULO 3

ENDIVIDADO: UM ESTADO DE EMERGÊNCIA

Se você acompanha o fluxo das estatísticas brasileiras (63% da população está endividada), percebeu pelo diagnóstico que sua vida financeira não está das melhores, podendo, inclusive, estar também no degrau errado.

Se já estiver se desesperando (a maioria surta quando se depara com a própria situação financeira), vão aqui alguns fatores para que se acalme.

Você não está sozinho. Mais de um terço da população está passando pelo mesmo problema neste exato momento. Duas em cada três pessoas estão devendo para alguém (banco, parente, cartão de crédito, financiadora, agiota etc). Apenas uma em cada três está gozando de uma situação sem dívidas, e não quer dizer que esse cidadão não deveu no passado ou que não deverá no futuro, e muito menos que tem dinheiro sobrando, guardado ou aplicado.

Lembre-se de que está um passo à frente dos outros endividados, pois "caiu na real". Porém, desespero não resolve nada e se fazer de vítima será pior.

Se estiver com pressa e ansioso para sair desse buraco negro das finanças, não é preciso se culpar. O imediatismo, sobretudo quando se está em uma situação complicada, é perfeitamente aceitável. Na condição de seres humanos, nosso instinto nos leva a buscar sempre por situações prazerosas, de conforto e de vida fácil.

Esse comportamento natural fica mais vigoroso nos dias atuais. Basta analisar o quanto as prioridades financeiras se inverteram se comparadas há duas gerações*, em que, por exemplo, o objetivo de vida primeiro era comprar a casa própria, depois o carro e quem sabe viajar ao exterior. Agora, o intercâmbio cultural (tantas vezes marcado fora do período de férias, comprometendo inclusive o aproveitamento do ano letivo por parte do estudante) parece vir antes até mesmo do primeiro emprego. Claro que isso

---

* Geração - Espaço de tempo que separa cada grau de filiação: cada século compreende cerca de três gerações. Por exemplo, os pais representam uma geração; os filhos representam a geração seguinte. Considera-se como período de tempo de cada geração humana cerca de 25 anos.

não é uma questão de certo ou errado, mas um sinal de que os tempos mudaram e de que são necessários novos métodos de educação, inclusive financeira, são necessários.

Iniciemos nosso caminho ao equilíbrio de nossas finanças e, como diria Jack Estripador, "vamos por partes".*

PAGANDO AS DÍVIDAS

Passou pela fase de diagnosticar sua vida financeira, viu que a situação é ruim, ficou, como eu chamo, DDD (desesperado, deprimido e desmotivado). Agora chega, está na hora de ficar AAA (aliviado, amparado e animado).

Parte do processo de recuperação financeira (outros processos de terapia também se utilizam dessa técnica) é fazer uma espécie de confissão, assumindo sua condição ruim e as atitudes que o levaram a esse estágio de endividamento.

É interessante, nesse momento de análise, contar com aliados financeiros. Caso seja solteiro e não tenha dependentes, vale uma conversa com um amigo consciente ou mesmo um profissional,

---
* A expressão demonstra quão longe chegou a reputação do misterioso assassino que, na Londres do século XIX, estarreceu o mundo inteiro com uma série de homicídios tão horripilantes quanto inexplicáveis. Ele sufocava as vítimas e depois ia cortando pedaços delas.

no caso, um educador financeiro, pois ele o ajudará a ter uma visão macro do seu problema.

Se tem família, é hora de envolvê-la. Marque uma reunião. Dessas com horário para começar e terminar, sem barulho ou celulares ligados, pauta definida e até água na mesa. A garganta pode secar!

A comunicação é a melhor ferramenta que você tem. Conversando com sua esposa, marido, filhos ou filhas, tios, avós, netos, sobrinhos, primos ou colegas de quarto, todos podem ajudar. Seja buscando soluções em conjunto ou contribuindo para a diminuição dos gastos domésticos.

Adiante trataremos sobre como definir a verba individual para os membros da família, mesada e educação financeira dos filhos. Neste momento é importante saber que, até mesmo para ser feliz dentro de casa, é necessário equilíbrio financeiro.

Depois de todos os envolvidos estarem conscientes do diagnóstico, nossa atenção se volta aos credores. Costumo compará-los com cães famintos. Você tem pouca comida (seu salário) para poder alimentar a todos. Diante do impasse, acaba achando, erroneamente, que dividir um pouco para cada um é a melhor solução. O problema é que essa quantidade não sacia nenhum deles, que continuam a latir pedindo por mais, deixando-o maluco.

Outra boa comparação para entendermos de vez os credores é se imaginar com um punhado de milho e muitas pombas em volta. Você joga um pouco do alimento, elas o consomem em fração de segundos e continuam a cercar você perseguindo-o. Porém, você não tem mais como saciá-las.

É claro que o ideal seria ter o montante para pagar todos os credores de uma vez, mas não estamos aqui tratando de ilusão, e sim de realidade. E a realidade é que não existe a quantia total no caixa da família para arcar com as dívidas, certo?

Agora, se você tiver esse dinheiro guardado é necessário utilizá-lo de maneira assertiva, nem sempre o ideal é entregá-lo aos credores de uma só vez. Trataremos disso depois.

NEGOCIAÇÃO DAS DÍVIDAS:
Escolhendo qual cão alimentar

Costumo dizer: pior do que não pagar as dívidas é fazer uma negociação ruim. Antes de negociar as pendências, siga esse roteiro.

A. De preferência, não resolva nada ao telefone, vá falar com o credor;

   Vida Real
   Certa vez, uma paciente dirigia na rodovia quando o telefone tocou. Era o negociador

de uma empresa de cobrança dizendo que se tratava de um dia promocional para resolver definitivamente as pendências financeiras dela. Sendo pressionada, cedeu à negociação. Só percebeu o quanto foi prejudicada quando chegou a primeira parcela.

B. Ao procurar o credor ou os credores, tenha sempre uma conversa franca demonstrando o quanto quer quitar as dívidas;

C. Calcule se a proposta para pagamento daquela pendência cabe no seu orçamento;

<u>Vida Real</u>
Os negociadores sempre proporão valores mensais para pagamento. São muitos os pacientes que, por vergonha, por orgulho, por falta de controle ou por otimismo, no momento da negociação, não deixam claro qual o valor de mensalidade que cabe no orçamento. Essa falta de franqueza leva à piora do grau de endividamento, já que não se pode cumprir o prometido.

D. Ouça o que o credor tem a dizer, sem interromper ou tentar se justificar;

Vida Real
O tempo dos negociadores é escasso. Justificar os motivos do seu não pagamento pode irritá-los ainda mais. Tive uma cliente que, apesar de ser verdade, detalhou tanto sua vida que acabou saindo da agência sem negociar a dívida.

E. Saiba o valor do abatimento com e sem juros, à vista e parcelado, para ter uma margem de negociação;

Vida Real
Aumentar a quantidade de parcelas é uma estratégia para que as financiadoras tenham mais lucro, por conta dos juros embutidos. Muitos pacientes olham apenas para o valor da parcela e não percebem o quanto pagarão a mais sobre suas dívidas só pelo fato de esticarem o período de pagamento.

F. Não comprometa toda sua renda com o pagamento das dívidas, você terá outros custos de sobrevivência durante o mês;

Vida Real
Uma paciente chegou ao ponto de honrar as negociações de dívidas e deixar de pagar o aluguel e as contas de água, luz e telefone.

G. Não tome atitudes precipitadas. Peça o envio por escrito dos dados da negociação. Reflita e depois faça um novo contato para finalizar o acerto;

Muito cuidado
Quando a pessoa decide pagar uma dívida, a tendência é que queira se livrar da desconfortável situação. Mais ou menos quando sabemos que precisamos tomar uma injeção, pedimos ao aplicador: se tem de ser, que seja logo. Assim acontece com a negociação, você quer um alívio rápido e deseja que em poucas horas esteja com o nome limpo. É aí que os negociadores, preparados para fazer a melhor negociação para a empresa representada, incentivam-no a assinar e aprovar rapidamente a proposta de parcelamento e/ou quitação. Seja prudente, peça os documentos impressos ou por via eletrônica. Leia em casa, marque o que não entender ou achar estranho e volte para adequações antes de finalizar o acordo.

H. Se tiver um valor guardado, negocie e peça desconto no pagamento à vista;

Vida Real
Devendo há mais de dois anos, uma cliente estava sendo cobrada para quitar essa pen-

dência. Como ela possuía uma reserva que somava uma quantia próxima ao valor original da compra, indiquei-a que oferecesse o dinheiro como pagamento da dívida. O negociador aceitou a proposta.

Muito cuidado
Quando o dinheiro que você tem guardado não quita sua dívida, apenas amortiza uma parte dela, obrigando-o a em seguida fazer parcelamento do restante, é comum que o negociador dê essa sugestão, que pode fazer seu acordo ser pior do que a situação anterior de inadimplência.

I. Se negociou, pague corretamente. Reincidências podem piorar a situação com determinado credor. Além disso, você ficará desacreditado, podendo, numa próxima negociação, ser prejudicado pelo histórico.

Vida Real
Certa vez, um cliente que desejava muito ficar com o nome limpo, negociou a dívida com o banco para pagar em suaves parcelas durante cinco anos. Por conta da falta de planejamento, não arcou com o compromisso. Voltou para negociar e os juros foram mais altos. Novamente não cumpriu. Tendo recebido herança da família, quis quitar a dívida. Porém,

pelo histórico, a negociação não foi favorável, tendo de fazer parcelamento e pagar ainda mais juros.

J. Faça portabilidade inteligente da sua dívida. Imagine que esteja devendo R$ 5 mil ao banco e esteja pagando em parcelas. A cada mês, do valor que paga, um tanto é abatido da dívida total e outra parte é de juros. Indico que veja qual o valor total que deve e vá a outros bancos, informando-se sobre quanto pagaria ao mês pelo empréstimo. Você vai se surpreender sobre o quanto os juros variam. Escolha o local no qual terá mais vantagens, empreste o valor, quite a dívida no primeiro banco e comece a pagar o novo empréstimo. Encare essa troca de instituição financeira como quando você vai comprar um celular. Sua intenção é ter o maior aproveitamento do seu dinheiro, então, visite lojas, escolha o modelo, pesquise preço e só depois finalize a compra.

Vida Real
Um dos casos que atendi me deu especial satisfação. Sugeri a portabilidade a um cliente que, no final da negociação, passou a pagar 15% a menos em cada parcela. A diminuição foi providencial, pois não estava mais conseguindo cumprir o acordo inicial.

As situações e as orientações colocadas acima minimizam más negociações. Aos poucos, com decisões assertivas, você vai começando a equilibrar sua vida financeira.

Quando as pessoas estão passando por problemas financeiros e não têm uma orientação costumam cair nessas armadilhas e sofrem mais para quitar uma negociação mal feita. Fique atento!

Uma referência que ajuda a planejar o caminho até o equilíbrio das finanças é ter como base o período de seis meses a um ano para a quitação total. Provavelmente, você não chegou nessa situação de uma hora para outra e vai precisar de um tempo para sair dela. Não exija demais de você. Certifique-se de que seu orçamento mensal está em dia e que as dívidas estão sendo pagas conforme as suas possibilidades.

PONTOS FRACOS DO SEU ORÇAMENTO

Algumas contas, não por acaso, tornaram-se o calcanhar de Aquiles* para os brasileiros, por isso valem algumas explicações específicas para cada uma.

---

* Na mitologia grega, Aquiles foi um herói da Grécia, um dos participantes da Guerra de Troia. Lendas afirmam que Aquiles era invulnerável em todo o seu corpo, exceto em seu calcanhar. Sua morte teria sido causada por uma flecha envenenada que o teria atingido exatamente nessa parte de seu corpo. A expressão "calcanhar de Aquiles", que indica a principal fraqueza de alguém, teria aí a sua origem.

Cartão de crédito

Ele deveria ser o gênio da lâmpada, pronto para realizar nossos desejos de consumo mais absurdos, praticamente o próprio príncipe encantado com o qual todos gostariam de eternizar uma relação amorosa. Aliás, as operadoras de cartões de crédito vendem essa falsa ilusão de forma bastante sutil. E até acredito que foi idealizado por alguém que tenha tido propósitos magnânimos. O fato é que, diante da falta de educação, e não estou falando aqui de gentileza, mas da educação que ensina a utilizar a ferramenta, o cartão de crédito se tornou um pesadelo.

Vejamos as seguintes situações:

Ilusões do cartão de crédito:

Segurança – você não precisa andar com tanto dinheiro na carteira, principalmente na hora de comprar bens de consumo duráveis, para os quais sabemos que o valor despendido é alto, trazendo possibilidade de perdas, furtos e assaltos. Usando o cartão, não há essa preocupação.

Economia de tempo – no caso de pagamentos à vista, teria de ir ao banco, retirar o dinheiro (às vezes até mesmo no caixa, encarando a fila) e ir até o estabelecimento para comprar o produto desejado. Se fosse fazer um crediário, mais tempo precisaria ser gasto para cada vez que fosse até a loja para pagar a parcela.

Prêmios – comprando com cartão de crédito, você pode até mesmo somar pontos e trocar por prêmios e por milhas para viagens de avião. A oitava maravilha do mundo, você compra e ainda pode ganhar mais. Aproveitar os pontos do cartão de crédito é sadio, mas comprar mais por conta dessa pontuação pode ser uma armadilha perigosa.

Adiantamento de sonhos – não tendo o dinheiro à vista para comprar um bem de alto valor, o cartão de crédito possibilita a compra pelo fato de ter o benefício da divisão em parcelas. Assim, você compra algo que precisa/quer hoje sem precisar ter o dinheiro em mãos, acertando o pagamento conforme vai recebendo seu salário ao longo dos meses. Cuidado com os juros embutidos no parcelamento.

Todas essas vantagens são exploradas pela mídia e pelas operadoras na hora de nos convencer a usar o cartão e nenhuma delas é mentira para que nos façamos de vítimas, colocando a culpa na publicidade. Como vimos, a ferramenta cartão de crédito foi criada para o bem, para nos ajudar a realizarmos nossos sonhos de consumo com mais segurança, vantagens e economia de tempo. Então, por que invertemos tanto esse belo plano e transformamos o cartão em vilão?

De novo, a falta de planejamento financeiro nos assombra, pois ninguém nos ensinou a forma correta de usar o cartão de crédito ou colocou limites para seu uso. Muitos o "passam" na máquina e jogam os comprovantes como se eles não precisassem ser pagos quando a fatura chegar. É a tal da ilusão fazendo a festa!

Se você começou a se identificar, e provavelmente se identificou, é hora de rever essa relação com o cartão e mudar seus hábitos.

MATANDO O GÊNIO DA LÂMPADA

Chegou a hora de abrir a carteira, contar quantos cartões de crédito tem e sacrificá-los. Isso mesmo, abra agora sua carteira e corte seus cartões, um a um. Você deve estar se perguntando: mas você acabou de dizer que ele era bom? E de novo eu afirmo, corte seu cartão. Não arrume desculpas dizendo que é com ele que faz a compra do mercado, paga a gasolina, passeia etc. Elimine-o imediatamente. Só não o faça se estiver passado pelo diagnóstico e perceber que a gravidade da situação o obriga a permanecer dependente do cartão por mais um tempo, nesse caso, poupe a vida de apenas um exemplar (pode ser aquele com limite menos estourado). Mesmo assim, com vida, deve deixá-lo de castigo, usando-o somente em casos pré-combinados com a família, por exemplo, supermercado (com verba definida), gasolina ou farmácia (urgências).

Importante: depois de cortá-lo, lembre-se de cancelá-lo na operadora.

A negociação do pagamento daqueles cartões que você já paga o mínimo ou estão estourados deve seguir as mesmas orientações sobre negociação de dívida, na página 47 NEGOCIAÇÃO DAS DÍVIDAS: *Escolhendo qual cão alimentar.*

A MANEIRA CERTA DE USAR O CARTÃO

Ainda sou dependente

Se é daqueles que não faz uma compra sequer sem o uso do cartão, mesmo o consumo mais básico como mercado, gasolina, roupas, restaurante e lazer, vão algumas orientações:

1) Todos os comprovantes das compras devem ser guardados ou cadastrados na planilha de controle, seja no papel ou em forma digital. Muitos se surpreendem com

Dinheiro é bom e eu go$to

essa orientação, pois estão acostumados a jogar ou mesmo nem pedir os cupons aos atendentes. Por essa atitude, não percebem que são prejudicados por cobranças indevidas que podem ser: anuidades, duplicidade de parcelas, valores errados ou até mesmo fraudes, como clonagem de cartões. Quando a fatura chegar, confira, confirme o pagamento e descarte os cupons;

2) Não parcele nenhuma compra no cartão sem antes conhecer a sua realidade financeira (Diagnóstico Financeiro);

3) Tenha como meta diminuir o uso do cartão;

4) O valor total da fatura do cartão deve respeitar um limite que se encaixa no orçamento do mês, sem sufoco. Pagar o mínimo é sempre uma situação de dívida e deve ser encarada com a devida importância. Pagando menos que o valor total, você estará pagando juros. Se você está pagando o mínimo da fatura com a sensação de que está levando vantagem, cuidado, é sinal de que está iludido, pensando estar em um degrau da escada que não condiz com a realidade. Nesse caso, o ideal é que volte ao diagnóstico;

5) Determine verba para os itens mais comuns que usa no cartão. Por exemplo,

se paga o combustível com cartão, faça a conta de quanto gasta mensalmente e mantenha no controle do mês seguinte, pois sabe que terá que pagar isso na próxima fatura. Acompanhe o orçamento, atualize-o à medida que abastece o veículo. É importante destacar que essa orientação é para os dependentes do cartão no momento e está longe de ser o ideal financeiro;

6) A mesma orientação acima vale para os gastos com outros itens. Melhor não, mas se vai pagar a compra do supermercado no crédito, determine a verba e coloque como compromisso de pagamento para o mês seguinte;

7) Nunca saque dinheiro do seu cartão de crédito, pois dinheiro custa caro. Os juros são os mais altos do mercado;

8) O ideal é ter apenas um cartão de crédito em vez de se iludir tendo vários cartões, com vários vencimentos.

Já me libertei do cartão

Se não é mais dependente do cartão, deve eliminar todo e qualquer contato com ele. Calma. Tudo que é extremista tem forte tendência ao erro. Vejamos como é a relação adequada com o cartão:

1) Nas compras de alto valor, em que o parcelamento mantém o mesmo preço à vista, pode ser vantagem usar o cartão. Ainda mais se tiver o valor total. Caso o desconto no pagamento em dinheiro não seja significativo, você pode parcelar, guardar a quantia na poupança e, quando terminar de pagar, terá o valor integral do bem mais o rendimento. Mas, se acha que vai se complicar por causa do controle das parcelas, melhor não parcelar;
2) Extrema necessidade pode ser o caso de um uso adequado do cartão. Digamos que tenha sua casa assaltada. Caso não tenha seguro, precisará repor os bens primordiais como fogão e geladeira, nesse caso o cartão pode ser o salvador.

Por que ninguém fala isso para o consumidor?

Não pague taxas mensais ou anuais para uso do cartão. Se nunca confere a fatura do seu cartão, provavelmente pagou muitas taxas (grande parte das vezes, altíssimas) apenas para tê-lo na carteira. Se é um pouquinho mais atento e percebeu os valores cobrados, não hesite em ligar para a operadora e pedir a isenção da taxa. Cada vez que usa seu cartão, uma parte do valor fica com a operadora. Essa é a condição primeira para que o estabelecimento tenha o benefício de oferecer a forma de pagamento. Você entendeu bem o que eu coloquei? Se sim, compreendo sua indignação, pois pagando os valores para taxa de uso do cartão (as tais anuidades) as operadoras estão ganhando duas vezes em cima de suas compras, isso sem contar os juros quando você paga o mínimo. Caso o atendente dificulte a isenção da taxa, peça o cancelamento do cartão. Com certeza, quem perderá não será você. A concorrência entre os bancos é muito grande e vence aquele que se adequar melhor à realidade das pessoas.

Conta corrente

Quanto você paga ao mês para manter sua conta corrente? Vinte, cinquenta, cem reais? Não sabe, né?

A maioria das pessoas não sabe quanto é descontado todos os meses, automaticamente, de sua conta corrente apenas para ter o direito à movimentação. Se pensarmos que muitos mantêm contas em vários bancos, o prejuízo ainda fica maior.

Essa falta de acompanhamento do extrato pode estar abocanhando parte de seu orçamento, sem nenhum tipo de impedimento de sua parte.

Digamos que sejam R$ 25 mensais que paga para ter a conta. Normalmente, os bancos oferecem "benefícios" inclusos nessa mensalidade: talões de cheques, limite para empréstimo, cheque especial etc.

Vejamos se é possível economizar. Se você não usa vinte folhas ao mês, faz sentido pagar esse valor? Se a resposta for não, indico que, quando necessário, vá até o caixa eletrônico e imprima a quantidade de folhas de que precisa, pagando individualmente por cada uma.

O mesmo vale para o limite de empréstimo e cheque especial. Se não usa, não faz sentido pagar por ele. E, se usa, algo está errado com sua vida financeira. Então, deve voltar ao diagnóstico e à definição sobre onde está na escada financeira. Percebe que para tudo existe uma saída? Não estou dizendo por dizer, já atendi centenas de famílias e pagar taxas sem necessidade é uma infeliz realidade.

Outro costume errado é não colocar o valor da mensalidade bancária no orçamento doméstico. Se estamos tratando aqui de um valor descontado todos os meses, deve estar inserido no controle, assim como as contas de água, luz, telefone etc.

Fazendo uma analogia à questão taxa bancária, gostaria de que se colocasse na seguinte situação:

É dia 5 do mês vigente. Alguém liga e diz que vai debitar um valor de sua conta. Você aceita tranquilamente e o débito acontece. Passam-se 30 dias e o valor novamente é descontado. E assim ocorre durante anos, sem que você questione, reclame ou se posicione. É exatamente assim que acontece com seu dinheiro pago ao banco. É tudo consentido. Ou alguma vez "perdeu tempo" indo até sua agência para interrogar seu gerente sobre as taxas descontadas? Se não se manifestar, o banco continuará debitando essa despesa eternamente.

Reclamamos cotidianamente de tantas coisas. Se chove, é porque chove; se faz sol, é porque faz sol. Acho que está na hora de mudarmos o conceito sobre reivindicações e colocar energia em reclamações que valem o esforço e que são possíveis de mudança. Quando o assunto é seu dinheiro, vale a pena pensar e agir. Não acha?

Isso é educação financeira, pagar pelo justo e pelo que o faz feliz.

Espero que esteja se preparando para fazer uma visita ao seu gerente. Aliás, faça esse dever de casa ainda nesta semana.

Dívida com parentes e amigos

Amigos, amigos. Negócios, à parte. Frase um tanto clichê, mas que pode servir como 'bússola' quando o assunto é dívida com parente ou amigo. São muitos os sentimentos e as pessoas envolvidas e, justamente por isso, você deve analisar e calcular o impacto e as consequências dos pedidos de empréstimo para esses queridos e queridas. Você já se deu mal por conta disso?

Basicamente, essa bússola leva a quatro direções diferentes:

- O 'fio do bigode' - quando o empréstimo é informal e os envolvidos confiam mutuamente um no outro;
- O empréstimo de nome, usando o documento do outro para a compra;
- O 'sem chance', quando percebe que não verá mais a 'cor' do dinheiro;
- E o *sim*, posso confiar, que infelizmente é raro de acontecer.

Mais do que um empréstimo, a ajuda financeira de amigo ou parente envolve riscos, sentimentos, preocupações e afins. Antes de ser levado pela emoção, analise a situação e veja para qual direção a 'bússola' aponta. Se perceber, por exemplo, que a ética não tem tanta importância para quem pediu o dinheiro emprestado, deve se precaver e, se preciso, negar o empréstimo.

Negar! Talvez seja uma opção difícil para você, seja pela personalidade ou pelo vínculo com a pessoa que pediu a quantia emprestada. Não sabe dizer NÃO? Vai ter que aprender então. Se a pessoa for sua amiga, entenderá seu posicionamento.

São muitos os casos de amizades desfeitas porque o lado que recebeu o empréstimo não cumpriu com o combinado. Lembro-me de uma vez atender a uma pessoa que tinha mais de R$ 30 mil a receber de amigos que o deixaram sem pagamento. Depois de muito cobrar e, claro, se afastar dos falsos amigos, o indivíduo simplesmente esqueceu-se do episódio e não pensou mais no dinheiro perdido. Essa foi a solução para deixar de vez o passado. Mas, de qualquer forma, houve perda financeira e muitos sentimentos negativos atrelados a isso tudo, além de desgastes desnecessários.

É importante entender que o calote não acontece por falta de querer bem o outro por parte do caloteiro. Ele pode continuar adorando a companhia do usurpado, querendo-o bem e simplesmente não achar que o fato de não ter cumprido com a regra "emprestou, devolva", seja um motivo para que o prejudicado fique indignado com ele. O devedor não percebe, ou não quer perceber, que existe responsabilidade nesse ato.

A situação toda tem a ver com a diferente relação com o dinheiro que cada um tem. Não se trata de uma convenção, e sim de algo pessoal, um jeito de entender as questões financeiras.

Por isso, se faz tão necessário, caso o empréstimo seja inevitável, documentar a solicitação e a forma de pagamento. Se o inadimplente não paga nem mesmo as instituições financeiras que cobram altos juros e negativam o nome, imagina se o caloteiro vai querer lhe pagar? Aliás, se a pessoa pediu dinheiro emprestado é porque não tem crédito na praça. Acredita que lhe pagará? Ilusão, mais uma ilusão!

Por conta dessa diferente forma de lidar com as finanças, é que se faz a necessidade de conhecer o outro antes de se comprometer financeiramente com ele: seja numa relação de amizade, quando o assunto é empréstimo de dinheiro ou de nome; numa sociedade, quando o foco é o desenvolvimento pessoal e profissional; em um casamento, que gerará filhos.

Situações comuns cotidianas, como no ambiente de trabalho, geram empréstimos, com pequenas quantias. "Humm, esqueci o cartão, você pode pagar meu almoço?", "que cabeça a minha, não trouxe a carteira. Pode acertar meu café"... As desculpas citadas podem levá-lo a custear a vida de um caloteiro sem você perceber, durante longo período. "Coitado(a), ele é tão legal, sempre esquece o cartão", diz o inocente. Fique atento para não cair em armadilha ou no autoengano.

Depois de ler até aqui, acho que nem preciso pedir para que tenha cuidado quando for emprestar seu nome. As histórias de pessoas que tomaram essa atitude e ficaram encrencadas financeiramente são cotidianas. Tem idoso que emprestou nome para o neto, comadres que fizeram o mesmo para os compadres, amigos etc. O mais agravante é que, quando se trata de empréstimo de nome, na maioria das vezes, as quantias são altas e usadas para financiamento de carro ou para cobrir conta corrente e pagar dívida com cartão de crédito.

O prejuízo para o laranja* pode significar um golpe no orçamento doméstico demorando vários anos para que a recuperação aconteça. Talvez, até mesmo tendo de trabalhar duro por meses ou anos para pagar a dívida que não é dele, causando revolta, frustração e desafetos, mesmo dentro da própria casa.

Do outro lado da moeda

Caso você seja o solicitante desse empréstimo e não tenha outra saída a não ser depender da ajuda de alguém da família ou de um amigo, meu conselho é que converse e exponha a situação, deixando o outro muito à vontade para negar seu pedido.

---
* O termo "laranja" revela uma pessoa ingênua que se oferece para representar outra em uma atividade, normalmente ilegal. Um "laranja" pode ser compensado pela tarefa. Mas, se o esquema não corre conforme planejado, é descartado e assume as consequências dos atos ilícitos.

Se o empréstimo acontecer, formalize-o por meio de um documento, o qual os envolvidos vão assinar em duas vias (uma para cada). O documento deve conter o número de parcelas a pagar, o valor da parcela mensal e como será pago (depósito bancário, dinheiro, cheque etc). Calcule o pagamento com juros. Feito isso, honre seu compromisso.

Infelizmente, sabemos que nem sempre esse cumprimento acontece. Fazendo com que a dívida não seja paga. Se você se encontra nessa situação, de devedor para com uma pessoa querida e próxima, seguem algumas instruções:

1) Vá conversar com a pessoa. Nada de e--mail, telefone, mensagens etc. Na hora de emprestar, foi falar pessoalmente; agora que está com dificuldades para pagar, faça do mesmo modo;

2) Deixe claro que deseja pagar e que fará isso, nem que seja um pouquinho de cada vez e combine os detalhes para o pagamento;

3) Uma opção pode ser acertar o pagamento com pequenos serviços, tais como: faxina, jardinagem, informática, carpintaria, banho em cachorros, serviços de entrega, enfim algo que saiba fazer bem e que possa abater o valor de sua dívida;

4) Mantenha como prioridade financeira pagar a seu parente ou amigo. Não saia por aí comprando coisas novas, trocando de carro etc. Pode parecer que não, mas sua ascensão financeira, devendo para outro, incomoda;

5) Continue mantendo a relação de amizade normalmente. Se sempre estiver informando seu *status* financeiro junto à pessoa querida, não precisará se afastar dos relacionamentos que fazem bem e sumir dos eventos em comum só porque tem uma dívida.

Empréstimo pela internet ou em caixas eletrônicos

Já reparou que, quando vai ao caixa eletrônico, na primeira tela, aparece a possibilidade de fazer um empréstimo instantâneo? Tive "pacientes" que, por mero descuido ou pressa, contrataram empréstimos sem perceber. Será que essa oferta é por que o banco está sendo bonzinho com você? Claro que não. O grande trunfo é que, frente à tela do caixa eletrônico, ou na internet, não terá tempo de ler as condições de contrato, comparar taxas de juros, porque seu único foco é pegar o dinheiro e se livrar daquela dívida que tem tirado seu sono.

Sendo assim, torna-se uma presa fácil, sem nem perceber que as taxas para esses tipos de transações são as mais altas que existem. Afinal, está pagando a comodidade de não ter de pegar filas e enfrentar o olhar, às vezes desconfiado do gerente, quando vai pedir dinheiro emprestado.

Sem contar que ninguém gosta de admitir que se descontrolou e que está passando por problemas financeiros. É uma espécie de declaração de fracasso. Na verdade, não é fracasso e sim uma inabilidade de lidar com o próprio dinheiro. Portanto, conseguir dinheiro sem que ninguém saiba, além da sua consciência, será a decisão mais provável. E quantos se valeram desses empréstimos imediatos e utilizaram a ferramenta, mais de uma vez, para pagar um cartão de crédito atrasado, fazer compras ou mesmo passar um fim de semana na praia. Os motivos são os mais variados possíveis.

Mais uma vez, a ilusão se alimenta desse tipo de atitude. Com o dinheiro na mão, ousamos subir um degrau da escada, mesmo que por alguns momentos. Ah! Que prazer mentiroso e ilusório!

Nem é preciso dizer aqui que se você for um usuário – pra não dizer dependente - desses serviços deve imediatamente, de início, se afastar, esquecer, se proteger e fugir deles.

Empréstimo com bancos e financiadoras

As propagandas de televisão são peritas em convencê-lo de que um empréstimo vai salvar sua vida. Desconto para aposentados, consignados com baixíssimos juros, mostrando pessoas satisfeitas com suas vidas depois de obterem o dinheiro na financiadora ou no banco. Se passou pela situação de um empréstimo, não deve se lembrar de ter ficado tão feliz com o parcelamento que não acaba nunca. Mensalmente, o débito na sua conta corrente correspondente ao pagamento desse empréstimo acaba deteriorando o seu salário.

De qualquer maneira, ter de emprestar não é boa coisa. Mas, se não cuidar, pode ficar pior.

CASOS EXTREMOS DE ENDIVIDAMENTO
Quando os cães famintos nem são considerados.

Algumas pessoas e famílias passam por situações em que nem sequer é possível sonhar com negociação de dívidas.

É o tal do caso em que o dito "devo, não nego e pago quando puder" já ficou obsoleto e foi substituído pelo "devo, não nego e não posso pagar de jeito nenhum".

Essa conclusão se dá pelo fato de a renda (o dinheiro que entra, seja por salário ou trabalho informal) não ser suficiente nem para os gastos fixos mensais.

É importante destacar aqui que existem pessoas em nosso Brasil consideradas abaixo na linha da miséria, ou seja, que vivem com menos de R$ 77 mensais. Há conflito de informações, mas os números mostram mais de 20 milhões de pessoas que vivem sob essas condições. Provavelmente, e eu sinceramente espero, que esse não seja o seu caso. De qualquer forma, é importante olhar para esses números com caridade, entendendo que existem outras pessoas além de você com dificuldades financeiras, até mesmo graves, e que podemos ajudá-las.

Mesmo não estando sob condições extremas de pobreza, você pode estar em um momento em que seu dinheiro não paga nem mesmo suas contas mais básicas. Juntos, vamos rever o orçamento e cortar gastos, que podem e devem, inclusive, vir antes da negociação de dívidas. Uma coisa de cada vez. Como numa casa, primeiro vem o alicerce, as paredes e o telhado; depois, o acabamento.

CORTE DE GASTOS
Sobrando mais milho.

Ainda sob o efeito do diagnóstico (olha eu falando dele outra vez), aquela fase em que *caímos na real*, você pode ter algumas reações adversas, piorando a situação. Os efeitos mais comuns são: surtos de compras e de empréstimos, ficando irritado e agressivo; comer exageradamente ou mesmo deixar de sair com amigos, inventando desculpas para não se socializar.

Assim que cortar gastos e perceber os primeiros resultados, notará que a mudança do cenário financeiro depende da própria vontade e do esforço. Se você é casado(a), terá de contar com seu parceiro(a) e filhos, motivando-o a continuar seu programa de recuperação financeira.

Nessa fase de escolha de prioridades e ajustes no orçamento, faz parte do processo abrir mão de coisas que trazem conforto - como banho e tosa semanais para o animal de estimação, jantares em restaurantes aos sábados e domingos, manicure e cabeleireiro toda semana, TV a cabo, entre outras. É importante ter cautela para não cortar os momentos de lazer, ficando estressado e doente fisicamente.

Antes de começar a fazer isso, precisará ter algum tipo de controle orçamentário. Não fique preocupado com esse termo, principalmente se teve a infelicidade de ter um professor de matemática que lhe causou traumas.

É aí que entram as mirabolantes planilhas de Excel. São infinitos os modelos na internet prometendo que, por meio delas, atingirá seu sucesso financeiro.

Mais uma vez é hora de sermos conscientes. De nada adiantará uma planilha, se não alimentá-la e acompanhá-la, junto às contas bancárias e outros compromissos financeiros. Na verdade, o sucesso só depende de você, pois a ferramenta trará apenas as informações que você precisa para a tomada de decisões.

Usando comparações, a velha e boa esteira de caminhada funciona bem nesse momento. Você pensa em emagrecer e tem a ideia de comprar uma esteira. Busca pelo melhor equipamento, melhor preço e entrega rápida, pois precisa começar urgentemente seu programa de exercícios. A esteira chega, usa-a durante uma semana e, num passe de mágica, o equipamento se torna um lindo cabide. "Que decepção, como pude fazer isso?". Você se culpa.

A mesma coisa acontece com a planilha, se não mudar seus hábitos, o documento no computador só será mais um arquivo. Em alguns de meus acompanhamentos, até por efeito de desmotivação, indico meus clientes a terem o controle financeiro em pequenos cadernos. A ferramenta não é crucial, fundamental é a sua motivação para dar continuidade. Por que será que as pessoas ficam desmotivadas quando precisam registrar as suas despesas? Porque esse procedimento causa frustração a partir do momento em que "apenas anotam" as despesas. Tomar decisões com a compilação das anotações é que dá prazer e nos faz tomar decisões financeiras inteligentes.

Mais importante do que qualquer planilha, é necessária uma mudança dentro de você, que requer reflexão e até aceitação dos próprios erros. Independentemente do motivo, não culpe ninguém pela situação que está passando (Atenção, mulheres! Nem mesmo os hormônios são culpados). É possível sair do vermelho sem surtos. Precisará ter determinação, além de fé de que sua vida pode melhorar, e muito.

ENDIVIDADOS GUARDAM DINHEIRO?
Onde não jogar os milhos.

Além de saber como negociar as dívidas e cortar os gastos, é fundamental identificar onde não jogar os milhos. Quando estamos endividados, o melhor a ser feito é estabilizar as finanças. Portanto, não é o momento para poupar dinheiro. Dependendo do quão endividado está, essa meta pode causar ainda mais frustração. Agora, você deve adequar suas finanças e pagar as dívidas, se tiver.

Já guardou dinheiro na poupança e teve que retirá-lo para cobrir sua conta corrente ou pagar alguma conta? E o pior: tem a certeza absoluta de que dificilmente conseguirá repor o dinheiro? A sensação de impotência é tão grande que os efeitos atingem a saúde física e a emocional. Aí, vem tristeza e desmotivação.

Retomando a metáfora da escada, com educação financeira, consegue subir cada degrau de forma segura e sem riscos, alcançando suas metas e sonhos.

CAPÍTULO 4

RELACIONAMENTO COM O DINHEIRO

Para cada dia, cabe uma preocupação. Afinal, não é possível atrasar ou adiantar nosso tempo. A sacada não é concordar ou não com o conceito, mas tomar consciência do fato, entendendo quando começa nosso processo de educação e como assimilamos conhecimento nas diferentes fases da vida.

Quando o assunto é finanças, a dúvida que sempre surge é em relação à idade correta para se começar a falar de dinheiro. Vamos ver se conseguimos responder a isso. Preste muita atenção! Pegue uma caneta e grife o que mais se encaixa na sua realidade.

OS PRIMEIROS PASSINHOS

Uma pesquisa do Instituto Brasileiro de Geografia e Estatística (IBGE) aponta que as crianças influenciam em 80% das compras em casa. Ao longo dos anos, a forma de consumir mudou também os hábitos infantis. Como há cada vez mais apelo e estímulo para comprar, imagine esses efeitos nas crianças. Um desastre se não freados a tempo.

Esquecendo um pouco a questão *Marketing*, vejamos a seguinte situação:

É fim de mês, você pagou todas as contas, e, embora não tenha uma reserva, está em dia com suas finanças. No fim da tarde, percebe que seu filho está com febre. Você espera um tempo, dá um banho nele e nada de melhorar. Já no hospital, a febre sobe ainda mais. Por conta da enorme fila, terá de esperar duas horas para ser atendido. Você se lembra de que conhece um pediatra excelente que costuma atender fora de hora, mas apenas na forma particular.

Diante da possibilidade de minimizar o sofrimento de seu filho, será que, mesmo sem dinheiro, vai optar pela agilidade do médico particular?

Eu ouvi um sim? É claro. Se é pai ou mãe, a tendência é que não meça esforços, inclusive financeiros, para manter seu filho o mais confortável possível, sempre.

Citei que as crianças influenciam em 80% das compras da casa. Numa situação de doença, os pequenos passam a comandar 100% o orçamento.

Aí você me diz: Quem manda lá em casa sou eu!

A resposta de algumas perguntas pode indicar de quem é o comando:

1) Compra presentes para seus filhos fora de datas comemorativas (Natal, aniversário e Dia das Crianças)?
2) Quando vai ao supermercado, seus filhos pegam e levam o que quiserem das prateleiras?
3) Passou na banca apenas para comprar o jornal do dia. Porém, com a criança, é impossível sair sem figurinhas ou guloseimas?

Se respondeu sim para uma das questões acima, é porque algo em relação à educação financeira de seus filhos está desordenado, e isso vai muito além do cofrinho. Não que incentivar a criança a colocar as moedas seja errado, pelo contrário, é uma forma de acostumá-la a economizar. Mas, quando falo em educação financeira, englobo hábitos e comportamentos que são construídos todos os dias e que vão influenciar o futuro brilhante que tem planejado para seus filhos. Aliás, será que existe algum pai ou mãe que não deseja ver os seus filhos bem sucedidos?

O bebê está chegando

Assim que se descobre a gravidez, parece que a frase "Quero dar a ele (a) tudo que eu não tive" é fixada no cérebro dos pais. E talvez seja a crença mais difícil de desmistificar por parte do educador financeiro.

Se você não estiver disposto a colocar limites nesse "tudo que eu não tive", vai estar frustrado antes mesmo de a criança nascer.

Por exemplo, você tem helicóptero? Iate? Casa em Miami? Não? Então, é bom correr para adquirir, pois prometeu a si mesmo dar a seu rebento tudo que não teve.

Na lista de planos financeiros que os pais fazem, os mais comuns são comprar um carro maior para caber todas as coisas da criança, viagem à Disney aos 5 anos, educação em colégio particular e bilíngue, casa em condomínio fechado, viagem de intercâmbio aos 15 anos, poupança para a faculdade, carro aos 18 anos etc.

Será que esses planos são bons? Sem dúvida. O problema, como sempre, são os excessos e a definição errada das prioridades. Voltar à escada, colocando-se no degrau apropriado, é a atitude mais assertiva nessa hora. Afinal, seu filho nem nasceu e está querendo colocá-lo em degrau errado? Não faça isso com ele, por favor!

Conversemos mais a fundo sobre alguns dos planos citados.

Viagem à Disney

Agora que seu filho (a) entende muitas coisas, é uma criança prodígio – falou aos 10 meses, andou aos 12 meses, contou até 10 antes de dois anos – quando completar 5 anos (ou até antes) merece estar no parque de diversões mais famoso do mundo: a Disney.

Com 5 anos é muito cedo? Enfim, tente se colocar na situação, mesmo que seu plano seja ir ao parque quando seus filhos estiverem com mais idade, 8, 12 ou 15 anos.

Nas escolas particulares, o assunto Disney é lugar comum. Se sua família ainda não foi, terá de ir para que seu filho não sofra *bullying*. "Tá vendo aquele ali, nunca foi à Disney", os coleguinhas acusam e debocham.

A pressão por consumo é uma das coisas que deve ser considerada antes de colocar seu filho na escola particular. Mas falaremos disso um pouco adiante.

Essa coisa de viagem internacional ultrapassou o limite das férias.

Quando você era criança, não via a hora de chegar os meses de julho, dezembro e janeiro, pois poderia dormir até tarde, brincar com os amigos ou quem sabe curtir uma semaninha na praia com a família.

Atualmente, até por conta dos preços mais atrativos em períodos de baixa temporada, os pais optam por comprar seus pacotes turísticos em março, abril, setembro e outubro, sem nem sequer levar em consideração o ano letivo. "Meu filho acompanha a classe depois, ele é muito inteligente", afirmam. "Sem querer, querendo", ensinam para as crianças, de uma forma ou de outra, que tudo é possível e que sempre há um jeitinho de burlar as regras.

Assim, a exceção se torna regra. Não é raro encontrar professores relatando que toda semana há um ou mais alunos faltantes por conta da viagem fora de época. Lecionei por muitos anos e posso afirmar que a vida de professor não é fácil não.

As passagens estão compradas e vocês estão embarcando. Comprou os dólares, planejou quanto vão gastar com hotel, alimentação, parques e compras. Compras? Essa é uma questão delicada. Cerca de 90% das pessoas que viajam ao exterior erram na conta quando separam o dinheiro a ser gasto com compras. A opção é partir para o cartão de crédito, que volta "estourado", gerando lembranças não tão boas da viagem.

É importante lembrar que as crianças agem como 'esponjas', absorvem aquilo que observam no dia a dia. E quais serão as mensagens absorvidas dessas viagens em baixa temporada e de cartões "estourados", nas quais se podem quebrar as regras, inclusive as da escola, se isso for vantajoso para elas?

O colégio particular

Falar desse assunto é sempre questão de tudo ou nada para o educador financeiro. Na consulta, quando suponho tirar a criança do colégio particular posso ser cortado. No caso do livro, corro o risco de você parar de ler aqui mesmo.

É fato que nos colégios particulares a educação, no geral, tem mais qualidade. Isso porque a infraestrutura é mais adequada, os professores são melhores remunerados etc. Porém, isso não quer dizer que nas escolas públicas não hajam professores brilhantes. Eu conheço vários.

Antes de optar por essa ou aquela escola para seu filho, leve em consideração:

1) A mensalidade não deve ser maior que 20% da renda da casa. Caso tenha outras mensalidades a considerar, como financiamento de imóveis e carros, esse valor não pode ultrapassar 15%;
2) Viagens e passeios extras com a turma, festas na escola (juninas, Dia das Mães e Pais) são atividades comuns que geram gastos extras (nunca perca esse valor de vista);
3) Aniversário dos coleguinhas. Considerando o número baixo de 20 alunos por classe, pelo menos uma vez ao mês, seu filho (a) terá uma festa de criança para ir. Na maioria das vezes, o local escolhido para a festa será um buffet infantil ou salão de condomínio. Das duas uma, para economizar, vai impedir seu filho (a) de participar das festas, deixando-o mais uma vez suscetível ao *bullying*, ou então, (lembra-se da ostentação?) vai levá-lo a todas as festas, comprar presentes de grife para que presenteie o aniversariante e, se preciso, comprará uma roupa nova para que ele se apresente de acordo com a última tendência da moda.

Ainda falando da esponja, quais serão as mensagens que seu filho (a) vai absorver no convívio em colégio particular? Perceberá que precisa se enquadrar no perfil, (*olha a escada aí gente!*), acreditando que necessita de uma festa em *buffet*, dar presentes caros ou, pior ainda, ter a ilusão de que não existe pobreza nem dificuldade financeira no mundo.

Longe de querer fazê-lo desistir de oferecer a melhor educação a seu filho - pelo contrário, desejo e trabalho para que consiga alcançar essa felicidade -, para começar um caminho assertivo, precisamos conhecer as paradas e as dificuldades que vamos encontrar.

Como é possível então mantê-lo no colégio particular sem transformá-lo num alienado arrogante? Basta que você tenha várias conversas francas com ele (a) durante toda a infância, adolescência e juventude. Educação financeira é como casamento: tem que se renovar todos os dias. Mostre que a vida não é aquela *performance*, que existem pessoas além dos muros da escola que não são tão abastadas financeiramente, e que vocês, graças ao esforço e às oportunidades que tiveram na vida, puderam oferecer a ele (a) condições melhores de educação.

Como é bom quando a gente encontra pessoas que tiveram oportunidades na vida, inclusive financeiras, e que souberam usar dessas possibilidades para se tornar um ser humano por completo. Que esse seja seu filho (a)!

Difícil? Claro. Você tinha a ilusão de que educar um filho era moleza?

O condomínio fechado

De todas as pessoas que já atendi ou tenho atendido, cerca de 60% moram em casas em condomínios fechados ou prédios. Caso seja algum novo casal, isso passa para 80%. Morar em casa, com frente para a rua, em que se está sujeito a pedintes que batem palma para pedir comida ou vendedores de produtos variados é coisa para quem mora há bastante tempo no mesmo local.

É claro que é mais seguro, confortável e esteticamente agradável morar em condomínio. Eu mesmo vivo essa realidade. Como educador financeiro, tenho o dever de proporcionar um olhar sobre a sociedade pelo viés do comportamento financeiro e, inevitavelmente, os condomínios rendem boas histórias.

A começar pelo rateio dos gastos com água, luz, gás, manutenção dos espaços etc. Normalmente, os gastos com o condomínio são mais elevados do que nas moradias convencionais. Levando-se em consideração a falta de tempo ou de desejo para a utilização da piscina do playground, do salão de festa e da churrasqueira, nota-se que todos os benefícios representam uma grande jogada de marketing para a escolha daquele empreendimento. Faz parte do negócio.

É importante que fique atento para não ser enganado ou se arrepender depois.

Fora isso, há também o fato de não ser mais tão seguro, quanto deveria, o ambiente interno dos condomínios. Isso porque, para comprar um apartamento ou casa, o único quesito analisado – nem estou questionando que isso esteja errado – é se a pessoa pode ou não pagar, à vista ou parceladamente, por meio do financiamento. Quando deixar de pagar, está fora. Cartão vermelho para você.

Ninguém pergunta ao comprador se tem antecedentes criminais, como conseguiu o dinheiro (se foi de forma ilícita, por exemplo), ou se tem valores morais e psíquicos adequados para morar naquele local. Achar que viver em condomínio é uma forma de se livrar dos perigos do convívio com ladrões, bandidos, salteadores, assassinos, pedófilos é, mais uma vez, ilusão. No máximo, essa possibilidade é minimizada, visto a desigualdade social que vivemos em nosso país e no mundo.

Além da educação financeira, fica a dica para que seja sempre precavido quanto a sua segurança e a de sua família.

Outra análise diz respeito ao olhar estético do condomínio. Salvo exceções, tudo no ambiente é bonito. As plantas nunca sofrem com a estiagem, pois o jardineiro mantém as áreas verdes bem regadas com mangueira. Não vemos puxadinhos, sem acabamento ou reboco, casas pequenas ou sem terminar – com pessoas morando – pois o regulamento dos condomínios não permite "feiura". Tudo segue um padrão de beleza.

Quem dera essa fosse a realidade da vida de todas as pessoas. Estando do lado de dentro dos condomínios, enviamos mensagens subliminares ao nosso cérebro, que ficam mais enraizadas caso sejam nossos filhos os receptores. São elas:

1) Pobreza não existe ou está bem longe daqui;
2) Meus vizinhos não têm problemas financeiros;
3) Não tenho nada a ver com a desigualdade social;
4) Não posso fazer nada pelos pobres, isso é com o governo.

Um bom exemplo dessa desigualdade aparente são as cidades costeiras. No Rio de Janeiro, tudo que está próximo à orla é digno do título Cidade Maravilhosa, mas aquilo que está a dois quilômetros do mar, nem de longe defende o codinome.

Se os moradores dos luxuosos condomínios da Barra da Tijuca passarem a vida circulando apenas perto do mar – e isso é bem possível -, podem chegar à conclusão de que as favelas e as guerras do tráfico não passam de temas para filmes candidatos ao Oscar*.

Como você tem encarado e se relacionado com as diferentes situações financeiras das pessoas no mundo?

Olhar para os mais pobres e necessitados é um exercício importante para que você e sua família, principalmente as crianças, desconectem-se da ilusão financeira e se coloquem no degrau adequado da escada.

As crianças e seus dias especiais

Se tem ou pretende ter filhos, ou mesmo possui sobrinhos e afilhados, as datas comemorativas – aniversários, Dia das Crianças, Natal etc – são excelentes oportunidades para repensar seus valores e rever suas atitudes em relação ao consumo e à educação financeira. Dinheiro não é nem nunca será sinônimo de amor, amizade, carinho e bem querer.

Mas, se você já não leva em consideração o respeito por essas datas quando o assunto é dar presentes, foi levado pela correnteza da ilusão e possivelmente já deve ter passado por boas desilusões na vida. Certo?

---

* Óscar ou Oscar é um prêmio entregue anualmente pela Academia de Artes e Ciências Cinematográficas, fundada em Los Angeles, Califórnia, em 1927, em reconhecimento à excelência de profissionais da indústria cinematográfica, como diretores, atores e roteiristas. A cerimônia formal é uma das mais importantes do mundo.

Por muitas vezes, deparei-me com pessoas consumistas nessa minha vocação de educador financeiro. Compras em excesso, roupas ainda sem uso e com etiquetas lotavam os guarda-roupas.

Dentre esses casos, um me chamou bastante a atenção e com certeza você vai se identificar ou identificar alguém. É comum que os consumistas usem como desculpa a necessidade de outras pessoas na hora de comprar. É quando, por exemplo, as mães compram coisas para os filhos em vez de comprar para elas, mesmo que sem necessidade. "Antes de o bebê nascer, eu comprava muita roupa para mim, eu era compulsiva por compras, mas agora não sou mais, compro somente para a criança!". É comum os pais transferirem a culpa para os pequenos. As crianças perdem roupas ainda novas, têm coleções de chinelos, possuem brinquedos de última geração, mas que nem brincam com eles. Tudo isso poderia ser poupado para a faculdade de seu filho. Já pensou?

Agravam essa situação os avós, tios e padrinhos que, na ânsia de agradar, ou mesmo de ostentar, também contribuem para o excesso de presentes.

Agora que já descrevi o cenário mais preocupante, preciso dizer que há uma forma assertiva de equilibrar a questão presente:

- Comece respeitando as principais datas comemorativas já citadas – Dia das Crianças, Natal e aniversário. Não dê presentes à criança fora desses momentos. Pare de querer agradar. Sei que não quer comprar seu filho com presentes, mas é isso que ele vai sentir se não der limites;
- Converse com os parentes mais próximos sobre a decisão de vocês, pedindo para que também respeitem a regra da família;
- Caso haja descumprimento por parte dos parentes, trace uma estratégia do que vão fazer. Pode-se guardar o presente até a data comemorativa. Pode-se doar o item a alguém necessitado etc;
- Converse sempre com as crianças sobre o que podem ou não comprar e o porquê da decisão. Abrir espaço para o diálogo é uma maneira de educá-las e prepará-las para fazerem as próprias escolhas;
- Estimule o consumo sustentável, o desapego e o não acúmulo;
- Incentive a doação de brinquedos não mais utilizados ou na ocasião de receber um novo, ou seja, ganhou, doou.

Aviso de antemão que não será fácil seguir essas regras, serão desafiados, questionados, taxados de radicais – pela família, amigos e até por seus pais. Mas saiba que o resultado será prazeroso e terá orgulho de ter feito a coisa certa.

Apesar de o julgamento dos queridos e das queridas ser um processo complicado, mais difícil ainda vai ser tornar-se um exemplo. Seu filho precisará ver que também segue as regras, porque a palavra convence, mas o testemunho arrasta. Você é o modelo para seu filho. Portanto, se o modelo estiver quebrado, trate de consertá-lo o quanto antes.

ADOLESCÊNCIA, rebeldia no limite

Pense rápido. Como você era na adolescência? Sem contar a parte do baixinho, gordo, dentuço etc, pense no que pensava sobre dinheiro naquela época.

Se for como a maioria, deve ter tido inveja dos colegas que usavam roupa de marca, que viajavam com a família, que tinham dinheiro para comer na cantina todos os dias, que não precisavam ir de ônibus ou a pé etc.

Outra situação comum na adolescência de quem hoje é adulto foi a questão vergonha dos pais ou da pouca condição financeira que tinham. Muitas vezes, se tem também a ideia de que tudo que os pais oferecem são porcarias, misérias, itens insatisfatórios, além da necessidade do "jovenzinho".

Salvo exageros, esses são comportamentos naturais da idade e dos hormônios. O objetivo não é culpá-los.

O problema da relação com o dinheiro, nessa fase da vida, envolve a tentação pelas coisas fáceis e o estacionamento do comportamento pessoal x idade.

Tendo quase sempre um amigo ou parente mais abastado, o adolescente tende a se beneficiar desse relacionamento, participando de festas, frequentando os ambientes, viajando com a família do outro "melhor posicionado socialmente" ou mesmo passando noites e fins de semana de luxo.

O perigo está na confusão que isso pode causar no adolescente, que pode estar mantendo a relação apenas pelos benefícios financeiros e até mesmo pode esticar esse comportamento para quando for adulto. Lembre-se do exemplo da escada que usei no capítulo 2.

Você carrega traumas da adolescência? Desvaloriza o que seus pais podem dar? Você ainda depende deles? Infelizmente, deve conhecer alguém que ainda pede dinheiro para seus pais aposentados ou que escolhe os amigos e parceiros pelo nível social. Cuidado! Isso pode ser mais um ataque de ilusão. Defenda-se. Está usando todo seu dinheiro para manter uma imagem daquela época de adolescente e/ou sendo vítima de outras ciladas que pregamos em nós mesmos.

Faça uma relação de todos os possíveis incômodos financeiros que teve na sua adolescência e reflita: causam ainda dissabores? Eu ainda alimento esses fantasmas?

Olhe para os adolescentes que convivem com você. Observe-os, seus comportamentos, para onde estão caminhando seus valores em relação ao dinheiro, com quem se relacionam etc. Se necessário, corrija-os. Eles vão agradecê-lo no futuro!

DONO DO PRÓPRIO NARIZ

Você chegou aos 18 anos, tornou-se dono do próprio nariz e passa a ter mais responsabilidades. Entrou na faculdade, conquistou o primeiro emprego, abriu uma conta corrente, talvez tenha comprado o primeiro carro e se acha independente financeiramente. Será mesmo? Vamos ser realistas?

Independência financeira é mais que custear os próprios caprichos. É não depender de ninguém, nem dos pais nem de emprego algum para manter as necessidades básicas: comer, dormir, vestir, morar.

Se fosse dispensado do trabalho e chutado de casa hoje, por quanto tempo conseguiria manter seu padrão de vida com o dinheiro que possui? Dias, semanas, meses? Essa é a sua independência financeira. Se respondeu que não conseguiria se sustentar no mesmo patamar financeiro nem por um mês sozinho, acho que não é tão dono do próprio nariz quanto imaginava. Reveja esse conceito.

GENTE GRANDE

Nesta fase da vida, você já escreveu alguns capítulos da sua própria história e trouxe na bagagem os aprendizados e as experiências da infância, adolescência e juventude. Conquistou algumas coisas, perdeu outras, pode já ter escolhido a direção e, nesse caso, está apenas acertando o passo. O contrário também pode ser verdade, apesar de a idade já ser de amadurecimento psicológico e social, o rumo (para profissão e vocação) está longe de ter sido definido.

Em termos financeiros, independentemente do sexo, vira e mexe somos pegos pelas mentiras que contamos para nós mesmos. Normalmente, a frase mais comum é: "se tivesse mais dinheiro, faria tal coisa". Na lista tem: academia, curso de idiomas, casa ou carro novo.

É claro, o orçamento às vezes é mesmo apertado, mas talvez seja só uma questão de prioridade. Se gosta de andar sempre com carro zero, por exemplo, provavelmente vai ter dificuldades em viajar para o exterior. Ou se está querendo comprar a casa própria, talvez terá de cortar a academia. Você queria tudo, não é mesmo? Humm! Talvez não dê nesse momento da sua vida.

A única forma de encontrar o caminho até essas realizações, que parecem não se concretizar, é o hábito de poupar, ou seja, reservar todos os meses uma quantia. Aí, você vai responder, "essa eu já sabia, todas as vezes que pesquiso sobre educação financeira sou estimulado a guardar, o problema é que não consigo".

A mídia, os livros e até a sabedoria popular já propagam há séculos a poupança, o problema é que não ensinam uma tática simples que vem antes do guardar: a definição de verbas.

Olhando para o seu controle financeiro, você precisa visualizar facilmente: quanto recebe, quanto gasta e quanto sobra ao mês. Desse saldo, você deve definir alguns valores menores para aquilo que faz durante o período. Exemplo: vou ao cinema duas vezes ao mês, o que corresponde a R$ 60, essa será a sua verba (valor máximo a ser gasto) para as saídas; gosto de comprar livros, então, estipulo R$ 40 por mês para esse hábito.

Vale lembrar que a poupança também deve ser considerada no controle financeiro, como se fosse uma conta fixa a pagar. Essa simples dica de estipular verbas de acordo com a sua condição vai proporcionar que você nunca mais feche o mês no vermelho e ainda possa contar com uma reserva crescente de dinheiro.

Entre casal, a técnica é perfeitamente aplicável. Se existe algo que aprendi é que casamento não combina com dívidas. Justamente por isso, a grande arma para evitar o esvaziamento do potencial financeiro é compreender que a partir do sim, vocês são duas fontes de receita de um único orçamento, um único padrão de vida.

Sendo assim, todas as despesas devem ser discutidas em conjunto, essa deve ser uma das regras, mesmo que um receba mais do que o outro.

Nos cuidados pessoais, a mulher naturalmente costuma ter mais gastos fixos, como cabeleireiro, manicure e maquiagens. A definição de verbas para o casal funciona muito bem nesses impasses. A regra é, a partir daquilo que sobra, determinar quanto cada cônjuge terá para seu gasto livre.

Se ambos levam para o casamento duas realidades financeiras distintas e não possuem planos para o dinheiro em conjunto, a nova família pode estar diante do primeiro passo para o insucesso. Casamento é somar, não dividir. Sempre ouço uma frase que vale a pena mencionar para efeitos de reflexão: "quem casa pensando em separar, nem começou".

Ainda falando de relacionamento, seja com outra pessoa ou com seu dinheiro, vale também refletir sobre conceitos enraizados que trazemos sobre finanças provenientes de situações do passado, da infância ou do modo como nossos pais lidavam com dinheiro. Essas experiências podem ter deixado marcas e traumas financeiros que estão nos impedindo de alcançar nossos sonhos, seja por desperdício ou mesmo por excesso de avareza.

Finalizando este capítulo sobre relacionamento financeiro, convido-o a abandonar a crença de que por falta de dinheiro sua vida não é tão incrível. Se desprenda do ciclo tedioso de lamentações sem propósito. Avante!

CAPÍTULO 5

BICO, *FREELANCER*, AUTÔNOMO, EMPRESÁRIO OU EMPREENDEDOR?

Diminuir os gastos ou aumentar a renda. No geral, tendemos a pensar nessas alternativas apenas quando o orçamento doméstico aperta. Erro básico.

Antes mesmo de começar de verdade o capítulo, já desmistifico o paradigma do corte de gastos. Basta considerá-los como unha, precisamos sempre aparar, periodicamente reavaliar onde podemos economizar e fazê-lo. Sem adiamentos!

Voltando ao tema do capítulo, a ideia aqui é tratar a nossa tendência natural de encontrar uma forma complementar de obter dinheiro rapidamente. Até porque preferimos ver o dinheiro aumentar, mesmo que de forma ilusória, do que realinhar o modo de vida (ser mais simples). Afinal, quem nunca fez bico?

A problemática do bico envolve a conta certa para saber se a tal renda extra vale mesmo a pena, o equilíbrio do tempo dedicado à atividade e à atuação oficial, e a validação de que a atividade extra talvez seja um negócio viável. É disso que vamos tratar!

O *START*

A maioria das pessoas decide ter um bico para aumentar a renda. No caso das mulheres, a venda de objetos é a escolha preferida – roupas, bijuterias, sapatos, artesanato, comidas, cosméticos e outros itens de catálogos. Os homens costumam oferecer serviços quando buscam por complemento de renda. Eles dão aulas, consertam coisas, ajudam em mudanças, prestam serviços de entrega ou fazem transporte de passageiros.

Aquele que inicia uma atividade extra fica motivado com o resultado. Afinal, o dinheiro, nesses casos, costuma ser imediato. Faz-se o serviço ou vende-se o produto e recebe-se em *cash*. Assim, vendo a cor do dinheiro, dá uma vontade imensa de se dedicar ainda mais, de investir, de trabalhar nos feriados, nos fins de semana e por aí vai.

Muitos grandes empreendedores se fizeram desta maneira, começando de forma informal. Silvio Santos é um dos exemplos mais lembrados quando falamos em ascensão empreendedora. Ele foi vendedor de canetas na praça e se tornou autoridade no assunto negócios.

Acreditar no sonho e na própria capacidade é um dos motivadores mais poderosos. Se você se encontra nesta fase da vida, de início de bico, acredite que dará certo!

Além dessa premissa básica de confiança, precisará se calçar de planejamento, estratégia, disciplina e aprendizado constante.

O BICO É UM CARRO SEM MOTOR

E você pode pensar, agora vem a parte chata. Pois bem, se pretende mesmo continuar a ascensão do negócio próprio, o bico, terá de mudar de pensamento. Eu explico.

Nessas décadas como educador financeiro, já passei por muitas palestras financeiras, treinamentos, cursos, *workshops*... Em um deles, sobre vendas, gravei uma sábia mensagem. "O difícil não é vender. É se manter vendendo". A partir daí, consegue se avaliar e decidir se o empreendedorismo é ou não para você.

A primeira fase da atividade extra é aquela em que começa a vender seus produtos ou serviços.

Dinheiro é bom e eu go$to

Aí é fácil, oferece e parece que todos estavam mesmo precisando muito de você. E o dinheiro vem. E você sonha. Se fosse um carro, o começo do bico seria a parte de empurrá-lo na descida, é só montar e ele vai sozinho.

Quanto mais o tempo passa, aquela "paixão" inicial das pessoas pelo que você oferece vai passando e é neste momento que entra em ação a necessidade de se manter vendendo. É quando se sente empurrando o carro na subida, fica cada vez mais difícil continuar.

Indico fazer bico às pessoas que precisam juntar dinheiro para algo específico como viajar, organizar o casamento, comprar um item desejado, por exemplo. A atividade extra também pode ser vantajosa para quem está com alguma dívida ou parcela atrasada. Esse dinheiro ajudará a quitar a conta.

Um erro comum de quem começa a fazer bico é trocar o certo pelo incerto. Como no início há a ilusão de que as vendas estão "bombando", a pessoa costuma colocar mais energia na atividade extra do que na oficial. Por exemplo, começa a organizar o dinheiro extra e a buscar clientes durante o expediente do trabalho fixo. Ou mesmo, se cansa demasiadamente não conseguindo render o que deveria na sua principal função. Outro ônus é deixar de dedicar tempo para família e amigos em prol do bico.

De qualquer forma, é a organização financeira que trará a realização esperada. É importante avaliar periodicamente o tempo e o esforço que a atividade extra vai demandar do seu dia, para não arriscar perder o que já foi conquistado na sua vida. O mais importante é estabelecer a meta, que o guiará. Sendo assim, acompanhe semanalmente o ponto onde está e o quanto se aproximou do seu objetivo.

Quando a meta inicial for alcançada, pare de fazer o bico e só retorne depois de ter descansado do período extra de esforço e também após perceber que seus clientes já estão novamente sedentos de seus produtos. Espere uma nova descida chegar, para que seja fácil empurrar o carro novamente!

PASSO A PASSO

Para escolher a atividade a qual se deve dedicar, opte por alguma área que já tenha habilidade ou então que goste de atuar. Atualmente, existem aplicativos para celular pelos quais pode oferecer seu serviço a quem precisa.

Quando escolher o bico, concentre-se nele, não adianta aumentar demais o catálogo de produtos e serviços, ficar com um grande estoque e acabar por não conseguir vender nada.

Antes de comprar os utensílios dos quais precisará, divulgue o seu serviço, para que aos poucos se torne conhecido e vá entrando dinheiro para os investimentos necessários. Gastos como transporte e manutenção também devem ser levados em conta.

Outra opção é ter como renda extra um *hobby*. Se gosta e sabe tirar fotos ou então se é músico, pode investir nesses trabalhos, principalmente aos fins de semana. É uma forma de se aperfeiçoar no que faz, ganhar dinheiro e ainda se divertir.

Você pode também conversar com familiares, amigos ou pessoas do seu bairro para ver qual é a necessidade deles e adaptar sua atividade extra a essa necessidade do mercado. Essa é uma forma de conseguir mais facilmente espaços para seus produtos e serviços.

Feita a escolha, é hora de montar uma planilha financeira, seja em um caderno, agenda ou pelo computador, escolha o que for mais fácil e simples para você. Devem constar todas as movimentações financeiras.

Não utilize seu dinheiro extra para pagamentos fixos, como luz, água ou telefone, senão acabará ficando dependente desse valor e não conseguirá se livrar do trabalho complementar quando sua meta for alcançada. Ou pior, vai se esquecer do motivo pelo qual começou a fazer bico.

Utilize seus relacionamentos para divulgação. Caso seja algo que fazia de graça antes, passe a cobrar, explique que está se profissionalizando e até buscando novos clientes.

Ao estipular o preço do seu serviço ou produto, leve em conta que preços abaixo do mercado colocam em risco a lucratividade e a credibilidade do que oferece. Porém, preços altos podem fazer com que não consiga emplacar.

Quando iniciar, comece a separar as rendas dos diferentes trabalhos, assim pode analisar se o bico está realmente sendo lucrativo, vantajoso e se vale a pena. Nessa etapa, é importante acessar semanalmente o seu controle financeiro e não deixar de listar nenhum gasto, seja com matéria-prima, transporte, degustações, perdas e manutenções. O seu bico precisa ser lucrativo e não apenas rentável.

Listo abaixo algumas ideias de trabalhos que podem trazer uma renda extra:

Artesanato - traz uma vasta possibilidade de trabalhos para serem feitos e a internet conta com tutoriais para ajudar na criatividade. Além disso, é possível divulgar pelas mídias sociais sem custo algum.

Aulas particulares - se tem fluência em algum idioma ou entende bastante de alguma área, como Matemática ou Português, pode oferecer aulas particulares, é uma forma de ajudar alguém e ganhar um dinheiro extra.

Talento na cozinha - se gosta e sabe cozinhar coisas diferentes e gostosas, por que não fazê-las para vender? É uma forma de ganhar dinheiro com o *hobby* e não trabalhar muitas horas. (Cuidado só para não comer o estoque!)

Estética e beleza - trabalhos como manicure, pedicure, massagista ou cabeleireira são algumas das áreas do ramo de estética e da beleza. É uma oportunidade para os clientes, que buscam preços mais acessíveis. Você pode ainda complementar a renda revendendo cosméticos.

Garçom - é uma opção para quem só pode trabalhar aos fins de semana e uma forma de ganhar um dinheiro, principalmente trabalhando em aniversários, casamentos e restaurantes.

Revendedor - as opções são as mais variadas possíveis, cosméticos, bijuterias, roupas de catálogos e até colchões. Basta ser expansivo e sair por aí oferecendo seus produtos.

Ajuda em informática - se tem o dom e a paciência para lidar com equipamentos eletrônicos, computadores e *notebooks*, por que não oferecer esse serviço de manutenção? Muitas pessoas possuem dificuldade com essas máquinas. Divulgue entre os conhecidos e verá como consegue uma renda extra.

Cuidador de animais - caso seja um apaixonado por animais, pode disponibilizar sua casa para receber os mascotes das pessoas, principalmente em temporadas, quando os donos vão viajar. É importante gostar bastante e saber cuidar dos bichinhos.

AUTÔNOMO OU *FREELANCER* – compromissado consigo mesmo

Trabalhar a hora que quiser e de onde quiser, escolher quais projetos assumir, viver em *home office* ou compartilhar um escritório são algumas das vantagens do trabalho *freelancer* ou autônomo.

Aqui, o profissional não costuma ter iniciado a partir de alguma atividade proveniente do bico. O mais comum é se desvincular do emprego fixo e passar a desenvolver a mesma atividade antes exercida prestando serviço para mais empresas.

Como tudo na vida tem dois lados, o mais temido dilema desses profissionais é a organização da vida financeira. Se, quando era empregado, o *freelancer* lamentava por receber pouco e merecer mais, agora ele até recebe mais, porém não pode contar com a frequência de entradas financeiras, típicas da vida de assalariado.

A indefinição nas contratações de serviços faz a planilha financeira do autônomo viver numa montanha russa, ora no alto, ora no túnel. Para ter o mínimo de tranquilidade e segurança, aquele que escolhe levar a vida com tal liberdade profissional terá de compensar esse desprendimento do relógio de ponto com muita organização, disciplina e prudência.

A primeira coisa que um autônomo precisa definir é qual o mínimo necessário que precisa receber para manter o padrão de vida desejado. Claro que esse número leva em conta o quanto é possível receber como prestador de serviços. Esse será o valor do salário do *freelancer*.

O maior erro dessa categoria de profissionais é gastar tudo que entra, assim vive-se como mendigo em um mês e como magnata no outro, na melhor das hipóteses.

Com o valor de retirada definido, o autônomo deve guardar em uma poupança todo o restante dos ganhos. Caso os recebimentos de algum mês não atinjam o necessário para a retirada estipulada por ele mesmo, o *freelancer* pode completar a renda com o dinheiro guardado.

Ao perceber que foi necessário recorrer à poupança diversas vezes, o autônomo deverá estipular um valor menor de pró-labore; caso contrário, sua poupança poderá ser reduzida até a sua extinção.

Por outro lado, caso as contratações estejam bem e crescendo, o *freelancer* pode readequar o padrão de vida aumentando o próprio salário ou mesmo fazendo uma retirada única considerável, seja para trocar de automóvel, fazer uma viagem ou uma especialização.

Falando nisso, outra dica valiosa é o autônomo buscar aprimoramento constante. Assim como empresários investem em seus empreendimentos e equipes, você terá de investir em si mesmo. Afinal, seu conhecimento é o que possui de mais valioso. Uma empresa só contrata um *freelancer* ou autônomo porque é capaz de cumprir rapidamente e com mais perfeição uma tarefa, em comparação a um colaborador interno, que já possui diversas outras ocupações ou que não é especialista e sim generalista.

Em tese, o autônomo tem condições de ganhar muito mais do que um empregado fixo, porém não pode ficar doente ou faltar, senão não vende ou não entrega o serviço dentro do prazo e, consequentemente, não recebe.

Antes de estipular o preço dos serviços prestados, realize uma pesquisa de mercado. Descubra quais são os profissionais que prestam serviços similares ao seu e veja qual o valor cobrado pelo trabalho. Essa avaliação deve ser periódica e de acordo com as altas e as baixas do mercado.

Quando se torna um trabalhador autônomo, acaba enfrentando outras dificuldades, entre elas, os clientes inadimplentes. Por isso, é essencial utilizar a cobrança recorrente para evitar essa falta de pagamento. Ter um contrato da prestação do serviço também ajuda na hora de comprovar que o valor foi mesmo contratado.

Além disso, prepare-se para crises econômicas e tenha guardado em média seis vezes o valor das suas despesas mensais.

Como autônomo, pode sim pensar nas férias, mas opte por parar dez dias de cada vez em vez de parar por 30 dias corridos. Outra dica é viajar em períodos de baixa temporada ou coincidir seu afastamento das atividades com o período de parada nos seus principais clientes. Assim, não corre o risco de eles trocarem você por outro *freelancer*.

O principal objetivo de quem se torna autônomo é alcançar a tão sonhada independência financeira. Se esse é também o seu caso, lembre-se de que no futuro, daqui a uns 15 ou 20 anos,

Desejará diminuir o ritmo e, para tanto, vai precisar ter uma renda a fim de manter o padrão de vida. Programe sua aposentaria. A melhor maneira de fazer isso é poupando.

Ser autônomo ou *freelancer* é como ser autodidata, a motivação para a disciplina vem de dentro e não depende de um supervisor, gerente ou chefe.

EMPRESÁRIO OU EMPREENDEDOR?

Apesar de as palavras serem utilizadas como sinônimos, há grande diferença de significado. Vamos relembrar como chegamos até aqui.

Pode ser que tudo foi dando certo com seu bico e tenha chegado à condição de abandonar a atividade fixa para se dedicar apenas ao negócio próprio. Na condição de autônomo ou *freelancer*, pode ser que os pedidos tenham crescido muito, que tenha precisado de um ajudante e, consequentemente, de um endereço comercial e de um CNPJ. Parabéns, agora você é um empresário!

A atitude de abrir um negócio ainda é temida por diversos brasileiros. Afinal, segundo dados do Sebrae, a cada cem empresas abertas no Brasil, pouco mais de 75 sobrevivem ao primeiro ano. E a falta de organização financeira talvez seja a principal razão.

Ao abrir um negócio, é importante entender que é necessário assumir riscos para se chegar ao sucesso, e isso deve ser feito com consciência. O empresário deve saber analisar os cenários que pode enfrentar, e não estou falando apenas das dificuldades em conseguir clientes.

Em minha experiência, vejo muitas empresas começando. Por diversas vezes, aconselhei empresários que tiveram demandas mais altas do que o esperado logo no início da empresa e, por ainda estarem no período de maturação, não conseguiam entregar o que era contratado dentro do prazo.

A ação mais comum nestes casos é a nova empresa buscar mais colaboradores para dar conta dos pedidos ou contar com *freelancers*. O perigo aí é que novas empresas costumam cobrar abaixo do mercado a fim de começar a girar o capital. Então, em uma situação de *boom* de clientes, o valor dispensado com funcionários ou terceirizados pode ser mais alto do que o valor recebido. Outra situação comum é no início o empresário acumular funções, tanto operacionais, com o atendimento de clientes, quanto gerenciais como administração das finanças, contratação de fornecedores, compra de materiais e até limpeza do próprio ambiente. Isso sem falar em liderar a equipe. Engana-se quem pensa que se tornar empresário é viver de sombra e água fresca. A realidade é que se trabalha três vezes mais do que quando se tem um emprego fixo.

Em se tratando das finanças, como principal tema neste livro, sem pretensões de oferecer em poucas linhas um milagre administrativo, aponto princípios básicos de controle, sem eles não se pode continuar avançando como empresa.

O DINHEIRO DA EMPRESA NÃO É O MEU DINHEIRO

As finanças pessoais e da empresa nunca devem se misturar.

As finanças pessoais e da empresa nunca devem se misturar.

As finanças pessoais e da empresa nunca devem se misturar.

Três vezes está bom? Todo empresário deveria, assim como na escola, escrever umas páginas com essa frase. Parece um conceito bobo, mas a experiência comprova que as empresas quebram por essa mistura.

Se está vivendo essa situação, pare esse ciclo agora mesmo. *STOP*, mude, converta.

O primeiro passo para essa mudança acontecer é estipular seu pró-labore, um salário justo, digno e dentro da realidade do fluxo empresarial. É com esse dinheiro que você como empresário vai viver.

Essa condição de ser assalariado da própria empresa vai proporcionar, por exemplo, que esteja inadimplente e que sua empresa tenha poupança. E você pode pensar, se for assim, basta eu fazer uma retirada para pagar minhas contas. Então, voltamos ao início do tópico: as finanças pessoais e da empresa nunca devem se misturar.

Essa postura exige do empresário, mais uma vez, disciplina e muita coerência com o que pretende construir. Se quer perdurar, respeite o caixa da empresa como se fosse funcionário dela.

É importante conhecer e estar em dia com todas as taxas governamentais e impostos. Gostando ou não, elas permitem ao nosso negócio funcionar legalmente. Se essa não é sua experiência ou preferência de atuação, delegue essa tarefa para um terceirizado ou colaborador. De qualquer forma, de tempos em tempos, acompanhe o procedimento para ver se está em dia.

Para uma empresa caminhar com tranquilidade, o capital de giro torna-se essencial. Mais do que ter dinheiro no caixa, é importante saber administrá-lo, principalmente para o caso de ocorrerem compromissos inesperados ou necessidade de investimentos no negócio. Nessa questão, preciso apontar para a criação de uma forma de o empresário enxergar os gastos de cada período:

dia, semana, mês e ano. É preciso ver quando o caixa ficará baixo, de acordo com as entradas e saídas, ou mesmo se vai ficar no vermelho em algum momento e se é o caso de pedir empréstimo.

Falando nisso, se chegar à conclusão de que para a empresa continuar ou crescer vai precisar tomar emprestado, opte pelas menores taxas de juros e se organize para pagar, sem ilusão. Nem preciso mencionar para que faça isso com a ajuda de um profissional financeiro, né?

Ao montar o planejamento financeiro da empresa, lembre-se de mapear todos os gastos e de controlar também as aquisições necessárias. Porém, antes de efetuar qualquer compra, pesquise lojas e preços para garantir o melhor e mais barato para seu negócio.

A organização e o planejamento financeiro devem fazer parte do cotidiano de qualquer pessoa. É mais do que essencial ao empresário. Afinal, é a partir disso que ele conseguirá controlar as contas a pagar, entender onde e quando investir e impedir que o caixa fique negativo.

Ao decidir por abrir um negócio, é importante lembrar que as finanças pessoais devem durar pelo menos dois anos sem faturamento da empresa, não que isso vá acontecer, mas é a melhor forma de se programar até a empresa trazer o dinheiro que foi investido de volta. Já em relação às finanças da empresa, a poupança empresarial deve pagar as contas por 18 meses.

Outro fator importante é investir, principalmente na manutenção do escritório, na compra de equipamentos e no desenvolvimento dos colaboradores. Todos os valores devem estar previstos no orçamento e não serem uma surpresa.

Tornar-se empreendedor exige diversas responsabilidades e atitudes que um bico não exigia, porém são essas atitudes que vão definir o sucesso ou o fracasso de sua empresa. Mais do que ser o próprio chefe, agora também é chefe de outras pessoas e essa responsabilidade requer o conhecimento de conduzir e também de motivar essas pessoas, mostrando a direção que deve ser seguida.

SERÁ QUE SOU EMPREENDEDOR?

Dizem que, quando a mosca do empreendedorismo pica a gente, nunca mais ficamos curados. É verdade, ter o negócio próprio é uma condição desafiadora, com muitos percalços. Aquele que se dedica, se esforça, sai do comodismo e se lança, costuma vencer. E assim, vencedor, acaba por desejar encontrar mais oportunidades de abrir novos negócios.

O empreendedor é como quem equilibra pratos, assim que uma peça estabiliza o giro, vem o ímpeto de se colocar mais uma para rodar. Nesse caminho, vale buscar novas áreas para empreender, se tornar investidor, procurar parceiros complementares, criar um grupo de empresas ou até mesmo lançar uma franquia.

Se tem essa mesma gana, fique atento aos pratos já equilibrados e impulsione-os quando estiverem desacelerando. Sonhe, planeje e realize. Seja o melhor malabarista que puder!

EPÍLOGO

UM DIA A GENTE ENTENDE

Se fosse traçar sua biografia financeira, sendo brasileiro, provavelmente, ia se deparar em algum ponto de sua história com momentos de pobreza ou de restrições financeiras acentuadas.

Assim também foi comigo e quero partilhar um pouco de toda essa minha pequena vida – e digo, pequena, pois há outras bilhões mais interessantes por aí. Espero que sirva de inspiração.

Quando nasci, minha família morava no bairro de Moema, em São Paulo. Aos seis anos, viemos para Jundiaí. Por causa de problemas financeiros, tivemos de vender a casa.

Meu pai, Lourenço, foi mecânico de aeronaves, mas não era um amante do trabalho, até mesmo por problemas de saúde. Minha mãe, Elza, desgastava-se demais para cuidar da família. Além de mim e de meu pai, ainda havia meus outros três irmãos, sendo duas meninas com deficiência intelectual e um menino caçula.

Dinheiro é bom e eu go$to

Quando minha mãe estava com quase 50 anos, tomou uma decisão importante: comprou um carrinho de pipoca e incentivou meu pai a obter uma renda extra para o sustento da nossa família.

Eu, que por sorte tive um tio sacerdote - salve padre Eugênio – pude, por intermédio dele, estudar em ótimos colégios particulares de Jundiaí. Ele ainda comprava meus uniformes e materiais. Até tentou oferecer essa ajuda para meu irmão, mas ele não quis. Que pena!

Voltando à pipoca, essa ideia de minha mãe foi essencial para que eu me tornasse quem sou hoje. Aliás, tudo que ela fez – mulher sábia - contribuiu para os sucessos atuais, mesmo que pareçam pequenos demais para estar entre os milionários do mundo.

Em pouco tempo, quem estava tomando conta do carrinho de pipoca era eu. Comecei a vender à vista e a crédito. Cobrava juros para quem marcava. E ia negociando o restante, para que a pessoa pagasse depois. Controlava cada centavo.

Fiz muitos amigos, é verdade. Mas, ao mesmo tempo, tinha de ser empreendedor, e saber separar a amizade dos negócios. Lembro-me de uma vez ir trabalhar com caxumba e o tio-padre me levar para a casa, impedindo-me de piorar meu estado de saúde. Um santo!

É claro que me sentia envergonhado, às vezes até humilhado, principalmente quando um colega de classe passou a frequentar a igreja que havia em frente ao ponto onde o carrinho ficava. Hoje não consigo deixar de rir quando me lembro disso. É bom se divertir com a própria história!

Depois do trabalho, quando chegava a casa, colocava as moedas na mesa, e chamava a família para contar os rendimentos do dia, algo em torno de R$ 50. Instintivamente, queria mesmo era mostrar ao meu pai que era possível ganhar dinheiro. Assim que recebia, separava uma parte para o orçamento da casa.

Essa vida de pipoqueiro durou sete anos, dos oito aos 15. Com o tempo, graças a essa profissão, fui aperfeiçoando meu lado empreendedor. Criava a necessidade nos clientes, vendia a pipoca, mas conseguia fazer as pessoas pensarem que precisavam de mais.

Paralelamente ao meu emprego "fixo" de pipoqueiro, fazia uns bicos. Cheguei a colocar um anúncio no jornal me oferecendo para passar roupas nas casas das pessoas. Às vezes, minha irmã Elizabete ia comigo para me ajudar a ganhar alguns trocados. Até ela desenvolveu um lado empreendedor.

Com minha irmã Silvia, eu tinha outra estratégia. Para também mantê-la motivada, eu a incentivava a fazer tricô. Eu comprava a lã e, quando a peça ficava pronta, dizia que seria vendida. Passados alguns dias, eu contava que fizera negócio e a entregava um dinheiro, dizendo ser proveniente da venda. Ela ficava feliz por saber que estava sendo útil e comprava para si presentes com o próprio dinheiro.

É claro que esses compromissos me atrapalharam um pouco com a escola, principalmente porque se tratavam de colégio referência em ensino na cidade. Então, como consequência do trabalho, repeti a terceira e a quinta série. Nada que não tenha ocorrido com outros garotos da minha idade.

Aos 17 anos, no fim da oitava série, trabalhei por um ano em uma papelaria, um lugar bem insalubre. Depois fui para um escritório de contabilidade, no qual fiquei por três anos. Na época, ainda com a ajuda do tio, fiz um curso técnico em processamento de dados.

Apesar de tanta estima que meu tio me tinha, acabei decepcionando-o. Certo dia, ele me deu um dinheiro para entregar a minha mãe, sua irmã, para que fosse usado no pagamento das contas da casa. Já um pouco cansado de ver minha família sofrendo pela desordem financeira, não repassei a quantia e administrei eu mesmo o valor a fim de que rendesse mais, pois sabia que com certeza o destino do valor não seria o mais adequado.

Pedro Braggio

Meu tio ficou bravo, talvez a única vez em que o vi com raiva, ainda mais de mim. Apesar do arrependimento por tê-lo desapontado, foi por causa dessa atitude que minha família e eu começamos a ter um pouco mais de organização financeira, escolhas mais assertivas e mais felicidade.

Eu não servi o exército, fui liberado por ser o arrimo da família. Aos 20 anos, pela experiência no escritório de contabilidade, consegui um emprego na controladoria de uma empresa multinacional, onde fiquei por 19 anos.

O bom emprego e o meu desempenho me possibilitaram cursar Ciências Contábeis e concluir uma pós-graduação. De dia, cumpria meu turno de oito horas e, durante seis anos, à noite, lecionava em escolas do estado, para Ensino Médio, em Várzea Paulista, como eventual nas disciplinas de Matemática, Física, História, Português, Artes. Dormia pouco, mas sonhava muito.

Assim segui minha vida, cuidando de meus pais até que falecessem e de meus irmãos, alguns até hoje. Grande parte de meu salário ia, e ainda vai, para saúde, exames, visitas, internações, entre outras despesas.

Em 2008, tive um linfoma. Passei por tratamento e me restabeleci. Por várias vezes, ao final da quimioterapia, realizava palestras e entrevistas sobre educação financeira. No fundo, nunca deu tempo de fazer drama na vida e agradeço por isso.

Como podem ver, não consigo determinar se fui eu que procurei a educação financeira ou se foi ela que me encontrou. Por esse encontro, meu objetivo é alcançar ainda mais pessoas, compartilhar o que vivencio há tantos anos, principalmente com aquelas que jamais terão acesso a um educador financeiro.

Até mesmo por isso, dedico parte do meu tempo para fazer alguns atendimentos ou palestras gratuitamente e incentivar pessoas a nunca desistirem.

Gostaria de que você, leitor, consiga ter a certeza de que pode fazer e construir uma vida mais feliz. Trabalhar em paz, se relacionar melhor e não perder casamentos por falta de organização do dinheiro.

Educação financeira não é matemática, é humanidade. Basta conhecer as quatro operações – soma, subtração, multiplicação e divisão – para aprender a tomar decisões corretas com seu dinheiro, uma questão de comportamento, dia a dia.

Tomara que eu tenha conseguido pelo menos começar a convencê-lo de que a única forma do equilíbrio com seu dinheiro ser atingido é com educação financeira. Por ela, o pobre aprende a cuidar do que tem e a administrar o dinheiro e, o rico, não se contenta em ser rico sozinho.

CONCLUSÃO

TODOS PELA EDUCAÇÃO

Comecei a escrever a conclusão do livro antes mesmo de terminá-lo. Obviamente porque, mesmo sendo educador financeiro, não estou imune às implicações da modernidade e dos novos costumes, sou agente e reagente da história ao mesmo tempo. Como integrante da humanidade, também acabo muitas vezes sucumbindo à ansiedade do novo século, querendo terminar sem ter começado, descansar sem ter trabalhado e gastar sem ter recebido.

Se você, assim como eu, estiver sensível demais ao imediatismo atual, pode até estar lendo essa conclusão após ter passado o olho sobre as orelhas do livro, sem nem sequer ter lido o prefácio. Paradoxalmente, até dessa atitude aparentemente equivocada podemos tirar uma lição que nos ajude em nossa vida financeira.

Mas Pedro, em todo o livro você disse que não se pode ter pressa para atingir o equilíbrio financeiro? É verdade. Educação leva tempo, pois se trata de um processo e não de um *download*. Mesmo assim, como forma de motivação durante o processo você pode e deve reproduzir a forma como quer estar no fim da caminhada.

Por exemplo, se imaginar como estará financeiramente depois do processo, desde dívidas pagas até quanto gostaria de ter guardado, reforça o motivo pelo qual começou o caminho. Essa projeção fica ainda mais fortalecida com fé, como certeza sobre realidades que ainda não se concretizaram, mas que, com esforço, já se sente realizado só pela convicção de que é possível alcançar a meta.

Inclusive, ao longo do livro, apontei momentos em que me deixei levar e não segui à risca as minhas orientações para uma vida financeira assertiva e consequentemente feliz. Nesses deslizes tive, na mesma proporção, as consequências de meus equívocos, mas não deixei de acreditar. Embora convicto do método, nem sempre sou coerente.

Além da ansiedade como consequência da vida moderna, outro motivo me impulsionou a querer adiantar a conclusão desse livro, é o profundo anseio por envolver todos na cultura da educação financeira. Como tantos estudiosos e pesquisadores, não sucumbi à tentação do egocentrismo julgando ser a minha matéria a prioridade do mundo, mas é fato que a forma como lidamos com dinheiro interfere em todas as outras áreas da vida, individual ou coletivamente, levando o ser humano ao progresso ou ao abismo.

Assim, apressada ou precavidamente, como queira, convoco todos, pais ou filhos, professores ou governantes, empresários ou trabalhadores, endividados ou milionários, a se observarem e definirem quem manda em quem, seu dinheiro em você ou você no seu dinheiro e, a partir daí, alcançar e envolver as pessoas em um projeto que garanta progresso financeiro contínuo e em massa, no qual se um só não prosperar é porque todos estão equivocados.

Impressão e acabamento
Rotermund
Fone (51) 3589 5111
comercial@rotermund.com.br